내 인생의 속도

팔순 기념 자전적 에세이 칠보 **이수영**

1975. 1. 26. 예산 제일예식장

공직 중 시장 표창 수상 장면

진해 대전함 방문(대전시와 자매결연부대 위문)

정년퇴임(가족들과 함께)

정년퇴임(직원들과 함께)

큰아들(정훈) 둘째(주훈)

이수영 자서전 『날개 꺾인 별공새』 출판기념회
• 일시 : 2015.6.13(목)   • 장소 : 한스부페

칠보 이수영 저자 인사말

축사
대덕구청장
박정현

축사
서구청장
장종태

축사
국회의원
박범계

출판기념회에 참석한 가족과 내빈께 인사, 저자

저자 이수영

저자 아내 이정숙

6살 유치원 학예회 대표인사
둘째 주훈

손자 도윤, 손녀 예주

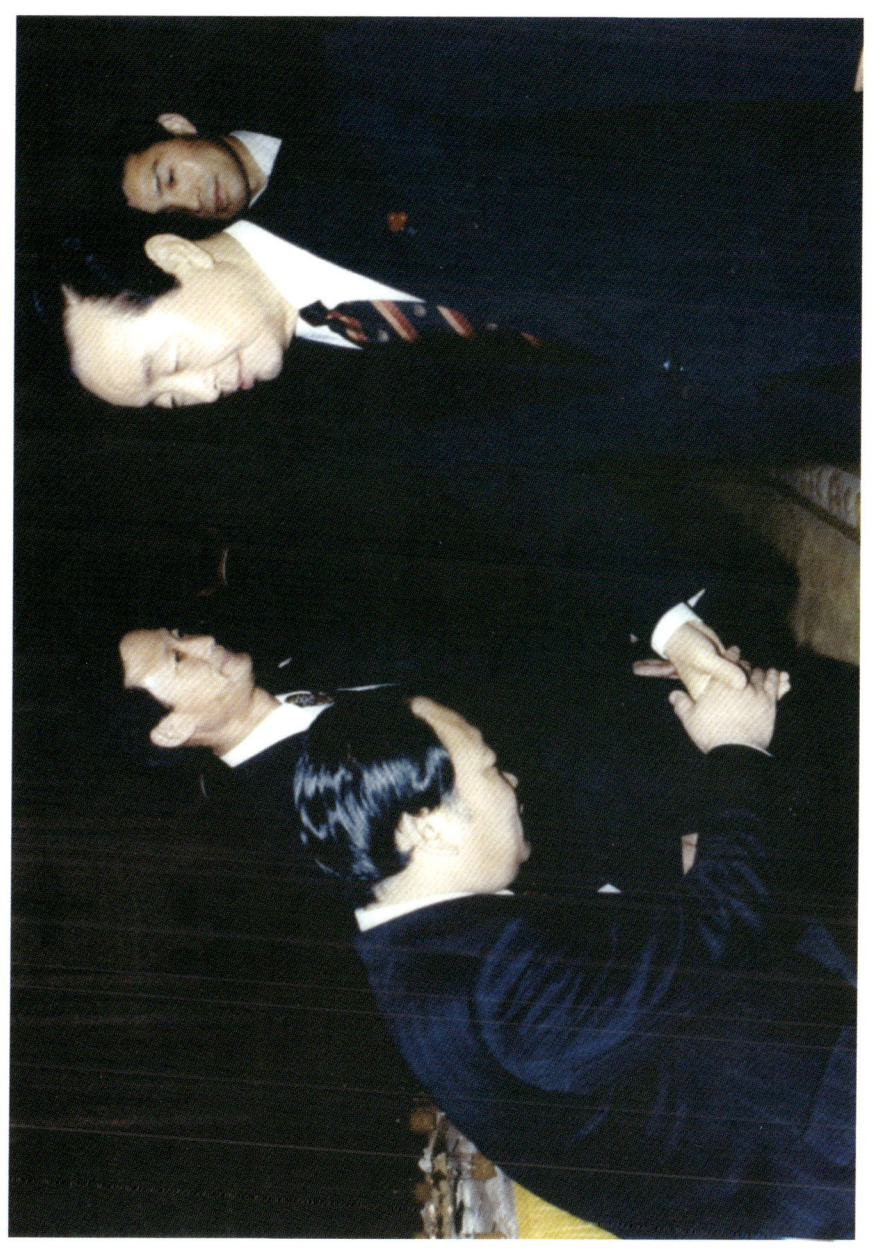

1994. 12. 13. 청와대 영빈관
- 김영삼 대통령과의 오찬 -

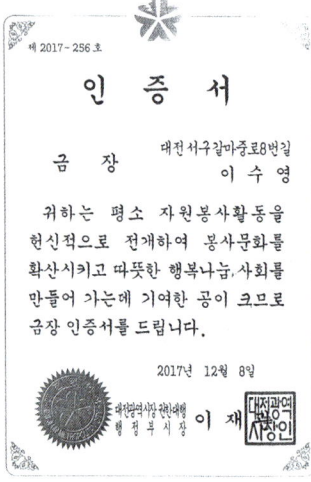

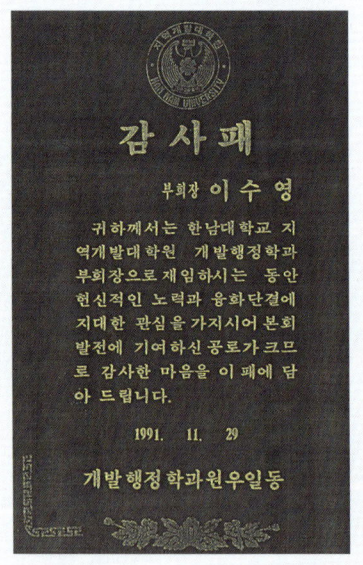
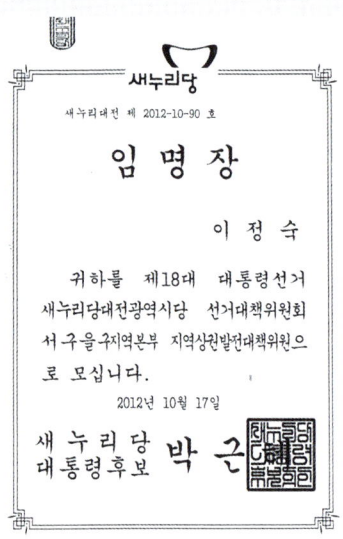

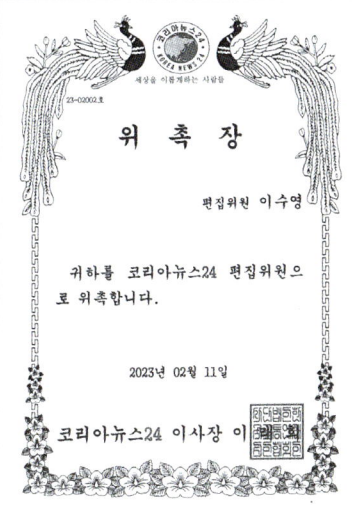

【서천=뉴시스】 등록 2015.06.02 권교용 기자 = 충남 서천군 비인면 출신인 칠보 이수영(70)씨가 자전적 에세이집 '날개 꺾인 별공새'를 출간했다.

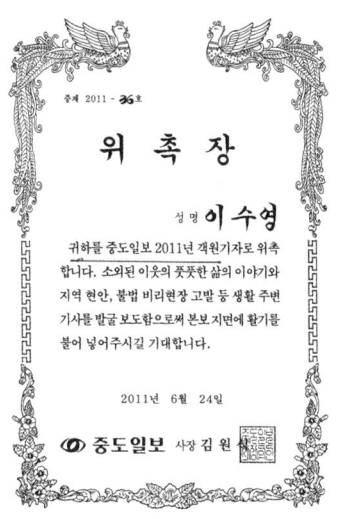

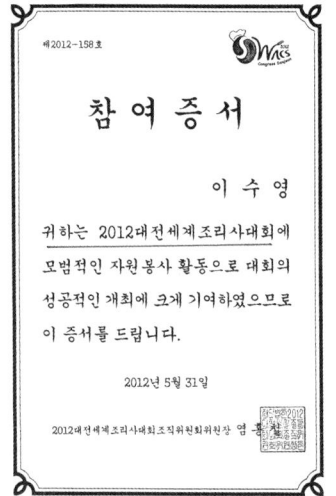

제 94047 호

표 창 장

대전직할시 공보관실
지방행정주사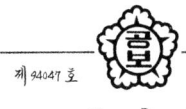

귀하는 평소 맡은바 직무에 정려하여 왔으며
국가주요시책의 따른명 홍보에 기여한바 크므로
이에 포상함.

1994년 12월 31일

공보처장관
오 인 환

제 335호

위 촉 장

이 수 영
1940년 1월 25일생

귀하를 소년심판규칙 제33조
제1항의 규정에 의한 보호소년의
자원보호자로 위촉합니다.

2011년 5월 30일

대전지방법원장

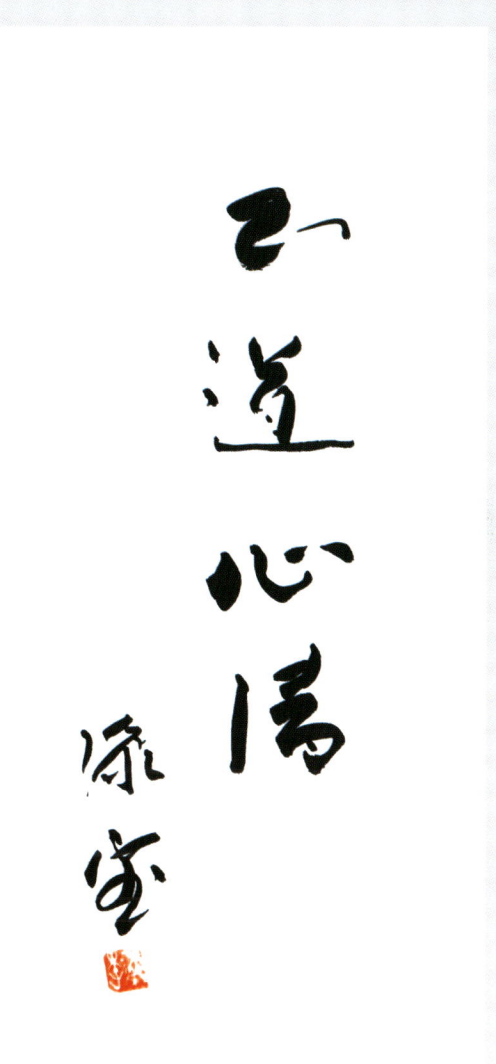

正道心淸(정도심청) 칠보(저자 아호)

다정한 오후:온천 축제장   천하대장군

한밭수목원 한숲이 자원봉사단 담양대숲축제(저자 우측에서 두번째)

내 인생의 속도

칠보 이수영 팔순 기념 자전적 에세이

오늘의문학사

☐ 축사

대전광역시행정동우회
회장 강 원 조

　우리 행정동우회 이수영 회원님의 "인생 80년사와 공직생활 35여 년"간의 애환을 담은 팔순 기념작 『내 인생의 속도』 수필집을 발간함에 있어 우리 행정동우회 전 회원과 함께 축하드립니다.

　특히 퇴직 후에도 쉬지 않고 수목원과 한밭도서관에서 시민들에게 편리하게 시설을 이용하도록 봉사활동을 하면서 중도일보 명예기자와 코리아뉴스24 기자로 활동하며 시민들에게 각종 정보를 제공해 주시는 이수영 회원님과 가족 분들께도 감사를 드립니다.

　그리고 다가오는 구순에도 수필집을 발간하시길 바라며 항상 건강과 행복하시길 기원합니다.
　감사합니다.

2025. 8.

□ 축사

전, 대전광역시장
허 태 정

평소 존경하는 이수영 선배님께서 팔순을 맞아 그동안 살아온 인생사 이야기를 한 권의 수필집으로 완성해 출간하신 데 대해 진심으로 축하드립니다.

선배님께서는 어려운 여건 속에서도 하위직부터 5급 공무원까지 37년간 충남 천원군, 예산군, 대전광역시에서 공직 생활에 임하면서 막중한 책임감과 청렴한 소신을 바탕으로 국민과 시민을 위한 희생과 헌신의 인생을 살아오셨습니다.

정년퇴임 후에는 각종 자원봉사 활동으로 금장 인증과 함께 언론계에 몸담아 인터넷매체인 KOREA NEWS24 편집위원 겸 기자와 중도일보 객원·시민·명예기자로 15년간 활동하시면서 노인들의 권익 보호에 앞장서 오셨습니다.

평소 솔직하고, 활달한 성품으로 주위에 친근감 있게 다가가고, 이웃 사랑 정신을 바탕으로 생활해 온 인생 여정이 담긴 이번에 출간하는 자전적 에세이집 '내 인생의 속도'는 분명 우리 후배들에게 삶의 무게와 품격을 느낄 수 있는 훌륭한 이정표가 될 것입니다.

또한 그동안 선배님의 인생 여정에서 경험하고, 느낀 삶의 가치와 철학이 녹아든 이번 자서전은 단순한 기록을 넘어 진정한 울림 있는 인생 지침서가 될 것으로 믿어 의심치 않습니다.

그동안 국가와 사회를 위해 봉사해 오신 빛나는 영광의 세월이 더욱 빛을 내고, 평생을 함께해 온 소중한 가족들 모두가 평안하고 행복하시기 소망합니다.

끝으로 선배님의 빛나는 발걸음에 존경과 응원의 박수를 보내며, 앞날에 건강과 행운이 늘 함께하시길 기원합니다.

2025. 8.

☐ 축사

중도일보
사장 유 영 돈

칠보 이수영 선생님의 팔순기념 자전적 에세이『내 인생의 속도』출간을 우리 중도일보 가족과 함께 진심으로 축하드립니다.

칠순 기념으로『날개 꺾인 별공세』를 펴내신 게 엊그제 같은데 벌써 10년이란 세월이 흘렀네요.
선생님께서는 그동안 철저한 건강관리와 왕성한 사회활동으로 후배들에게 모범적인 노년의 삶을 선보이고 계십니다. 37년 간의 대전시 공직생활을 훌륭히 마무리하시고 국립중앙과학관과 한밭수목원, 도서관 등에서 해설사 및 안내요원 등 봉사활동으로 바쁜 일과를 소화해 내고 계십니다.

특히 지난 16년 동안 중도일보 명예기자로 지역 사회의 다양한 이면을 직접 취재해 잔잔한 파장과 울림을 주고 계시지요. 저희 기자들이 미처 보지 못한 사안을 인생 대선배님의 시각으로 풀어낸 기사는 저희들을 깜짝 놀래키기도 했답니다.

부처님의 옅은 미소와 선비의 꼿꼿한 기품을 소유하신 이수영 선생님의 이번 에세이집에는 선생님의 80평생 삶이 녹아있습니다. 유년시절의 애환, 아버지와의 사연, 결혼생활, 자원봉사 활동, 젊은 세대들이 알아야 할 이야기, 인생 황혼길 소풍가는 마음 등 인생의 희노애락을 읽는 이와 함께 느껴볼 수 있습니다.

존경하는 이수영 선생님의 지금과 같은 건강과 사회활동을 기원하며, 10년 후 구순 맞이 에세이집 역시 성급히 기대해 봅니다.

다시금 '내 인생의 속도' 출간을 진심으로 축하드립니다.

중도일보 사장 유영돈

□ 축사

(사)대한노인회 대전시연합회
회장 박 상 도

한 손에 가시를 들고 또 한 손에는 막대를 들고, 늙는 길 가시로 막고, 오는 백발은 막대로 치려고 했더니, 백발이 제가 먼저 알고 지름길로 오더라. 시조문학의 백미 고려초 우탁 선생의 「탄로가」입니다.

인생의 속도를 한탄하며 한편 익어가기를 바라는 멋진 시조랍니다.
그런데 여기 탄로가와 비견되는 멋진 수필집 『내 인생의 속도』가 발간됩니다. 진심으로 축하드립니다. 이 책은 이수영님이 팔순을 맞이하여 공직 35여 년, 인생 80년의 세월을 담아 지난 세월을 반추하고 익어가는 인생을 노래한 역작입니다.

이수영님은 젊은 시절부터 멸사봉공의 자세로 35여 년 간 공직에 헌신했고, 퇴직 후에도 더욱 왕성한 사회활동으로 건강하게 저속의 인생을 살고 계십니다. 지금까지의 멋지신 인생은 모두 가족의 덕택입니다.

멋진 수필집 『내 인생의 속도』는 자랑스럽게 살아오신 이수영님 자신과 이수영님이 무탈하게 살아낼 수 있도록 묵묵히 지지해준 사모님을 비롯한 가족들에게 바치는 이수영님의 감사 선물입니다.

　이 자전적 에세이『내 인생의 속도』가 가정에 화목의 축복이 되길 진심으로 기원합니다.

　저자 이수영님의 팔순 이후 인생 속도가 더 천천히 진행되기를 바라지만, 그래도 구순이 기다려지는 것은 다음에 나올 책 때문인 듯합니다.
　더욱더 강건하십시오. 감사합니다.

2025. 7.
사)대한노인회 대전광역시연합회
회장 박상도

□ 축사

KOREA NEWS 24
이사장 이 래 희

우리 KOREA NEWS 24 고문역과 편집 위원이신 이수영 선생님의 생애 80년사를 기념하기 위한 자전적 에세이집 『내 인생의 속도』 수필집 출간을 KOREA NEWS 24 전 직원과 함께 축하드립니다.

특히, 이수영 고문님은 젊은 시절 지방행정에 충실한 공직인으로서 35년간 근무하고 정년퇴임 후 자원봉사 활동(금장)을 비롯해 중도일보 시민기자와 명예기자, 본사 편집위원과 기자로 활동하며, 발로 뛰면서 15년간 시민의 대변자로 특히, 노인 권익 보호에 그 열정을 다해 오셨습니다.

고문님의 삶의 여정은 우리 모두에게 큰 영감을 주며 그 경험과 지혜는 많은 후배들에게 귀감이 될 것으로 믿어 의심치 않습니다.

고문님의 생애 애환을 담은 소중한 기록은 우리 모두에게 가르침과 감동의 스토리가 될 것입니다.

끝으로 다시 한 번 팔순을 진심으로 축하드리며 앞으로도 건강한 모습으로 늘 행복이 함께 하시길 염원 드리며, 본 에세이집이 많은 이들에게 사랑받기를 기원합니다. 감사합니다.

2025. 8.

□ 축사

중도일보 명예기자단
회장 장 창 호

오늘 친구를 위한 글을 쓰면서. 나 자신을 돌아보고 친우를 생각하는 귀한 시간으로 평화로운 마음에 고향을 찾으렵니다.

귀하고 귀하신 칠보 이수영 내 친구님의 팔순을 진심으로 축하드립니다.

좋으신 몫을 택하여 그 고운 마음을 적어 수 놓으신 보석 같은 이곳에 평소 보아왔고 느꼈던 일들을 나열해봅니다.

8년 전 중도일보 실버라이즈 명예기자 위촉 때 처음 만났던 모습 그대로 당당하게 소신을 밝히면서 엷은 미소 띤 얼굴로 지금까지 내 마음속에 자리하면서 언제, 어디서나 항상 편안함을 선사해 왔습니다.

시간이 무르익어 싹튼 우정은 매사 틀림없는 성품으로 올곧은 지혜의 발상이 때로는 위험을 느낄 때가 있어 마음이 든든하기도 했습니다.

만날 약속이 있어 그곳에 가면 정한 시간보다 항상 10분, 20분 전에 약속 장소에 나와 있었고 정장 차림의 품격과 인품 그리고 색안경을 낀 모습은 생의 여유로움의 표출로 나타나 만남의 순간을 기념사진으로 남기기도 했지요.

또한, 세상 안에 탄생한 인터넷신문의 제호를 달기까지 준비 과정을 통해 일궈낸 결과물이며 사람 사는 모습들을 알알이 취재하여 특히 노인 권익 보호에 앞장서서 독자에게 전달하는 열정도 대단하지요.

이어 나날이 발전하는 정보매체 교육에서도 배우의 고삐를 늦추지 않고 향학열을 늘여 빠르게 요점을 노트하는 등 타고난 순발력도 보였습니다.

음주 할 때면 흔들지 않고 위의 맑은 막걸리를 유난히도 즐겨 마시며 취기가 오를 때면 평소 지적의 고사성어를 들어 설명하는 일필휘지를 누가 감히 따라 할 수 있겠는지요?

취기가 가시지 않는 다음날에도 기억을 더듬어 안부를 묻고 따뜻한 마음 되어 즐거워합니다.

인생 과정 80여 길에서 일군 화두가 어디 한두 가지가 있겠습니까만 파란만장한 사연을 간직한 칠보 이수영님의 내 친구는 주마등처럼 지난날들의 필름을 돌리고 회상하며 타오르는 열정을 사르면서 자신과의 인생 희·노·애·락을 나누어 왔습니다.

노년에는 취재기자로서의 사명감과 선, 후배 간의 원만한 관계 유지도 책무를 다하여 행복을 일구는 조직에서도 방향을 제시하고 솔선 실천하는 선봉장이기도 합니다.

이제 이 축하 메시지는 친우와의 우정이 무궁토록 퍼지는 울림이 되어 붕우유신의 믿음에서 길이길이 빛나길 소원합니다.

모쪼록 여생도 몸과 마음이 따뜻하여 항상 건강하시고 행복하시길 진심으로 기워드립니다.

감사합니다.

2025. 8.

□ 축사

봉사의 보람으로 가꾸는
연년익수
- 이수영 선생의 산수(傘壽)를 경하드리며 -

(사)문학사랑협의회
이사장 리 헌 석

칠보 이수영 선생께서 2015년에 고희(古稀)를 맞아 첫 번째 자전적 에세이집 『날개 꺾인 별공새』를 발간하시어 기꺼운 마음으로 축하 인사를 드렸던 바 있습니다. 이후 80 평생 살아오시면서 희비(喜悲)가 있었을 터이고, 또한 애락(哀樂)이 있었을 터이지만, 칠보 선생은 신산(辛酸)의 강을 건너 대한민국 장부로서 '이만하면 어떠한가?' 담담하게 두 번째 저서를 발간합니다. 이를 송축하면서 선생의 오롯한 삶에 찬탄의 박수를 보내드립니다.

대한민국 광복 이후에 성장한 어르신들은 환난(患難)과 기근(飢饉)에서 살아낸 것만으로도 1차 성공한 삶입니다. 칠보 선생은 가난한 농가에서 성장하였으니 얼마나 눈물겨웠을지 유추하게 됩니다. 초등학교 시절에 신작로 노역에 나서서 망치로 돌을 깨어야 했으니 얼마나 고달팠을지 상상을 불허할 정도입니다. 이와 같은 상황에서도 칠보 선생은 절망하지 않고 불굴의 의지로 성장하여 국가 공무원과 사회 봉사자로 아름다운 삶을 일구셨습니다.

2005년에 공무원에서 퇴임한 후에 선생은 자원봉사자로서 더욱 바쁜 나날을 보내셨습니다. 봉산초등학교, 대성여자고등학교, 국립중앙과학관, 한밭수목원, 금빛평생교육봉사단 등에서 20여 년 쉼없이 봉사하셨습니다. 또한 중도일보 시민기자, 대전가정법원 위탁보호위원, 한국노인종합복지관협회 노인권익위원, 대전행정동우회 편집위원, 대전 100년 포럼 운영위원 등으로 자신의 달란트를 마음껏 나누셨으니, 이타(利他) 정신이 참으로 놀랍습니다.

칠보 선생은 산수(傘壽)를 맞아 그동안 살아온 세월을 더듬어 자서전적 수필집을 발간합니다. 고희 이후의 삶, 봉사자로서의 보람, 달란트를 나눈 발자취 등을 정리합니다. 언론기관에 집필한 글, 언론기관에서 취재한 기사 등을 통하여 선생의 온전한 모습을 그려내고 있습니다. 그러하매 연년익수(延年益壽)하시면서, 아름답고 웅숭 깊은 나날이시기를 축원드립니다.

◘ 수필집을 펴내면서

내 인생의 속도

　나는 이미 10년 전 7순 기념작『날개 꺾인 별공새』를 펴내었고 이제 두 번째로 8순 기념작『내 人生의 속도』를 펴낸다.
　이 책을 읽는 독자들은 생의 속도를 몇 km로 달리고 있으며 현재는 어디쯤 와있는지 한 번쯤 생각해보는 시간을 가져라.
　너무 빨리 달리면 그만큼 위험이 뒤따르게 되어 그동안 얻은 것을 순

저자 내외, 큰아들(우) 작은아들(좌)

식간에 잃어버릴 수도 있고 그렇다고 너무 느리게 달리면 목표 지점에 다다를 수도 없게 된다.

  그렇다면 나에게 알맞은 속도는 과연 무엇인가?

  그 속도를 조절하기 위해서는 많은 인내가 필요할 것이다.

  우리 모두 나의 생에 맞는 속도로 갈 때 그에 상응하는 성과를 얻을 수 있게 되는데 그러나 지금의 세인들은 그렇지 아니하고 그저 남보다 먼저 가려고 애를 쓴다.

  비정상적인 방법을 이용해서라도 목적지에 빨리 가고픈 마음에서이다.

  이제 나는 80年生을 살아오면서 나의 속도는 몇 km로 달려왔으며 지금은 어디까지 왔는가?

  그 내용을 여기에 나열하고자 본 저서를 펴내 후세인들에게는 지침서가 되길 바라는 마음에서 본 저서 수필집을 펴낸다.

2025. 1. 1. 팔순의 아침
저자 이 수 영

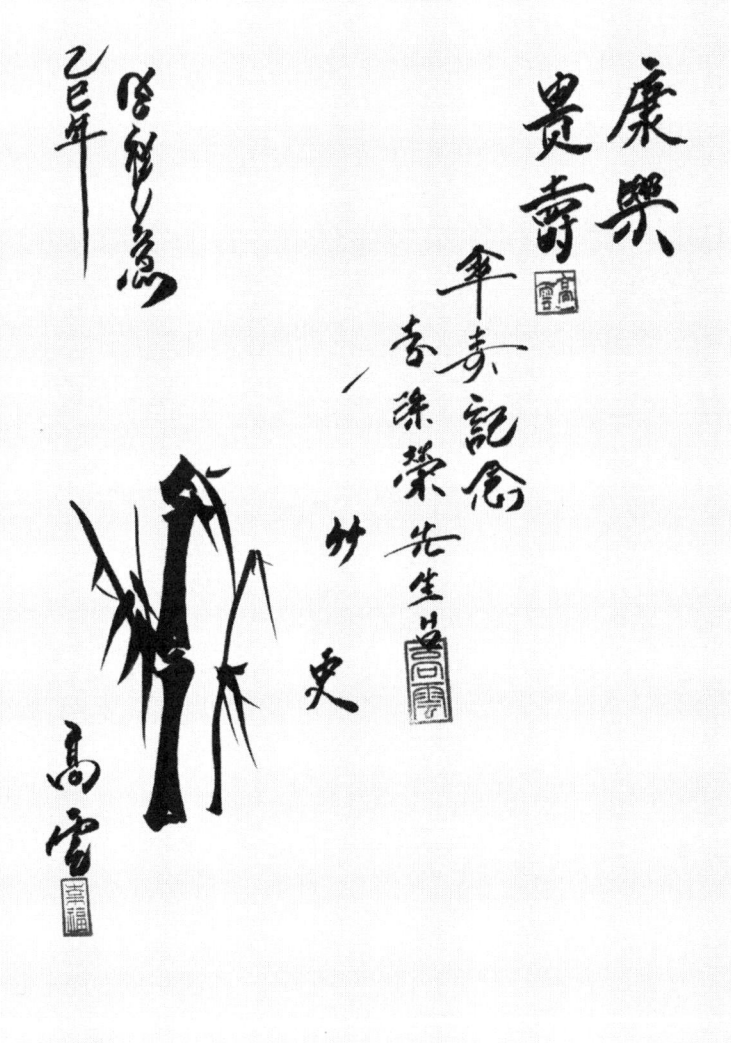

제 2017-256 호

인 증 서

대전 서구갈마중로8번길

금 장

이 수 영

귀하는 평소 자원봉사활동을 헌신적으로 전개하여 봉사문화를 확산시키고 따뜻한 행복나눔 사회를 만들어 가는데 기여한 공이 크므로 금장 인증서를 드립니다.

2017년 12월 8일

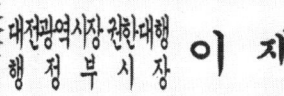

대전광역시장 권한대행
행 정 부 시 장   이 재

목차

- 축사 _ 강 원 조(대전광역시행정동우회 회장) ················18
- 축사 _ 허 태 정(전, 대전광역시 시장) ·······················19
- 축사 _ 유 영 돈(중도일보 사장) ····························21
- 축사 _ 박 상 도((사)대한노인회 대전시연합회 회장) ···········23
- 축사 _ 이 래 희(KOREA NEWS 24 이사장) ················25
- 축사 _ 장 창 호(중도일보 명예기자단 회장) ·················26
- 축사 _ 리 헌 석((사)문학사랑협의회 이사장) ················28

- 수필집을 펴내면서 ···30

1장 80 인생, 되돌아보니…

- 나는 말할 수 있다 ··42
- 연안(延安) 이씨(李氏)의 유래(由來) ·························43
- 나의 아버지 ··45
- 나의 결혼 생활 ···49
- 젊은 세대들에게 말하고 싶은 ································50
- 젊은이에게 보내는 메시지(Ⅱ) ································51
- 지금도 잊지 못하는 유년시절의 슬픔 ·························54
- 부모 제사와 차례는 자식이 주관하여 지내야 한다 ············56
- 세상이라는 人生 고갯길을 살아보니 ·························58
- 배고픔을 콩 한 알로 달래며 ··································59
- 내가 태어난 곳 유래 ···60
- 붓과 칼 ··63
- 노년의 침묵 ··64
- 참다운 공직인의 길 ··66

2장 그리워할 때 떠나야 한다

- 4불 3거 ··68
- 인재 그리고 똑똑한 사람 ·······································69
- 꿈을 가졌다고 모두 이루어지는 것은 아니지만… ········71
- 인구(人口)가 많아야, 국가가 부강할 수 있나? ············73
- 피의 숙청사 ···74
- 현대인이 다시 한번 생각해 보는 이씨 조선 국왕… ·······75
- 통계로 본 왕들의 실태 ··78
- 백색, 흑색 전화 시대의 추억 ·································80
- 이승에서의 부부(夫婦)는 저승 가서도 만날 수 있을까? ·····81
- 환대 변호사와 거지 변호사의 시대 ···························82
- 지진: 한반도 역사상 가장 큰 강진(5.8) 발생 ·············84
- 코로나19 언제쯤 종식되려나? ································85
- 경찰의 눈 ··88
- 코로나19의 공식 선언 ···89
- 보릿고개 없앤 민족의 영웅 대통령 박정희 ················90
- 〈칼럼〉 보리 고갯길 - 코리아뉴스 24 ·······················92
- 〈칼럼〉 병든 노인들의 서러움, 환자들은 말한다 ··········94
- 우리나라 행정구역 확대 개편할 시기가 왔다 ·············97
- 천재지변 재난피해는 정부의 책임 ···························99
- 노년의 자원봉사 활동 ··100
- 행복지수란…? ··101
- 계룡산 동학사, 야경 벚꽃길 따라 ···························102

3장 인생 그 자체가 꿈

- 인생 그 자체가 꿈이 있다 ····································106

- 세계인의 공포 "코로나19" ···107
- 福(복)과 幸運(행운) ···109
- 지게 위에 진달래꽃이 피어있다 ·······································111
- 현대를 살아가는 40대 이하 젊은 층은… ························114
- 군대 생활의 정기휴가 ···116
- 다뉴브강의 참사 슬픈 사연 ···118
- 우리 땐 그랬다 ···119
- 역사는 흐른 뒤에 말한다 ···120
- 노인들의 "삶"은 편의점에서 ···125
- 人生史 8旬 넘고 9旬 가까이 오면 ··································126
- 사회 참여하고픈 70대 이상 노인들 ································128
- 어느 80대 노인의 한숨 소리 ··129
- 욕심은 어디까지일까? ···131
- 그님들은 모두 다 갔다 ···133
- 춘장대 저녁노을 ···134
- 현대(2020년 기준) 노인과 젊은이의 직업관 ··················136
- 애절하고 슬픈 노래 트로트… ···137
- 육체와 영혼 그리고 수호신 ···138
- 미래 먹거리와 인구 감소 대책 ·······································140
- 젊은이에게 당부하는 현재 ···143
- 내세, 다음 세상은 과연 있는 것인가! ·····························145
- 그 사람 ···146
- 결혼 50주년 금혼식 일 ···147
- 사돈관계 ···149

4장 천둥 번개 소낙비 후에는
반드시 무지개 뜬다

- "삶"의 여행 종착역에 가까이 오니! ·····························152

- 황혼에 가는 봄 ···153
- 사람과 사람들 ··154
- 불확실한 노년의 "삶" 생활 대책 ·························154
- 젊은 세대들이 꼭 알아야 할 이야기 ···················159
- 전국문화원연합회 대전시지회 사무처장 ············162
- 선거부정감시단 ··163
- 대전시내버스 공동관리위원회 전무이사 ············163
- 최초 여성 대통령 박근혜 ··································167
- 병든 아내와 죽은 아내 ·····································170
- 핏줄 ··172
- 내가 본 어느 여학교 선생님들의 표정 ···············173
- 이별 그리고 작별이라는 것 ······························174
- 생애의 법칙과 운명 ··176
- 후세에게 ···177
- 부모와 아들, 딸 그리고 며느리와 사위 ·············178
- 고향의 옛 동창생과 벗님네들 ···························179
- 5년이란 세월을 더 기대한다 ···························181
- 내 인생 80년사 되돌아보니 ·····························182
- 대한민국 역대 대통령들은 무엇을 남기었나? ···183
- 꿈같은 이야기 언젠가는 현실로 올 것이다 ······185
- 내 또래들 ···186
- 과거사 공개할 필요는 없는 것 같다 ················187
- 한 시절 권력을 손에 쥔 지도자들을 보면서 ····189
- 어지럽고 시끄러운 2020 시대 ························191
- 정치인에게 바라는 민초의 마음 ·······················193
- 이 글을 읽는 이에게 ··194
- 설날의 추억 Ⅰ ··194
- 설날의 풍습 Ⅱ ··195
- 설날 명절에 꼭 먹는 떡국 Ⅲ ···························196
- 섣달그믐날의 설빔의 설레임 ····························197

- 봉화산 ··· 199
- 희망 속의 기다림 인생사 ······································· 200
- 제발, 음주운전 절대로 하지 말자 ························· 201

5장 내가 만난 화제의 인물들

- AI가 말해주는 정보 ·· 205
- 대성학원 설립자 101세 김신옥씨 ························ 208
- 소리꾼 신항식 ·· 209
- 중도일보 명예기자단 ·· 210
- '억순' 언니의 노인봉사 열정 ································ 211
- 실버연예인 길광섭 ·· 212
- 노인실버 기자단 20명 위촉 ·································· 213
- 노래봉사 10년 실버 트로트 가수 곽순희 ············ 214
- 깡순이네 닭내장탕 ·· 215
- 한밭수목원 척척박사 할아버지 박종복 ·············· 216
- 82세 요양보호 베테랑 ··· 217
- 어린이 안전 지킴이 할아버지 신대식 ················ 218
- 전동휠체어 지원조건 완화 절실 ·························· 219
- 무료 영정사진 찍어주는 실버작가 오영재 ········· 220
- [대전] 환자와 함께한 15년 베테랑 요양보호사 ············· 221
- 임성일 대전온누리신협 이사장 재선 ·················· 223
- 유성노인복지관 재능 나눔 지원 ·························· 224
- 시정발전 회원 포럼 ·· 225
- 화장실 없는 고속버스 둔산정류소 '불편' ··········· 226
- 수통골 문학회 정기총회 ······································ 227
- 대전시 안전 및 친절 모범 운수종사자 8명 표창장 수여 ····· 228
- 행정동우회 '100대 핵심과제' 로드맵 ·················· 229
- 한산모시문화제 개최 ·· 230

- 제2의 인생, 자원봉사로 보람되게… ·····························231
- 꿈나무지킴이 근로여건 개선 시급 ······························232
- 유성노인복지관 화합잔치 한마당 ································233
- 천년고찰 마곡사 제4회 신록축제 성황 ························234
- 빈곤층 노인문제는 정부 책임 ·····································235
- 어르신들께 봉사하는 둔산동 '멋 집' 남성컷트 전문점 ······236
- 땡볕에 땀 뻘뻘… 대전 대중교통 정책 '부실' ···············237
- 나들이도 하고 청소도 하고 ··238
- 명예기자단 구성완료 ··239
- 통학차량 종사자 안전교육 실시 ··································240
- 노인일자리 '좁은 문' 대책절실 ····································241
- 갈마골 단풍 거리 축제 ···242
- 32년 '별공새'의 작은 지저귐 ······································243
- 어르신 사랑방 '도심 속 숲카페' ··································244
- 앞날이 불안한 노인들 ··245
- 대전광역시 행정동우회 정기총회 개최 ·························246
- 한밭수목원 자원봉사자 봄철 나들이 ····························247
- 동백정 연가 ···248
- 대전광역시 한밭수목원 자원봉사활동 ··························249
- 지방선거 승자와 패자 ··250
- 노인들의 경사부조금 ··251
- 지붕없는 버스 승강장 "진땀나요" ································252
- '노약자에겐 높은 벽' 버스 승·하차 개선 시급 ···········253
- '노년층 고스톱 열풍' 다시 고개 ·································254
- 자살 예방 선도주자 한상황 회장 ·································255

6장 나는 이제 자연 이치를 따른다

- 마음으로는 만족시킬 수 없다 ·····································258

- 竹馬故友(죽마고우) ···259
- 人生 황혼길 소풍 가는 마음으로 ·······················260
- 직장생활과 사회생활의 차이 ·····························261
- 運命(운명)과 宿命(숙명)이란! ·························266
- 영영 떠나간 동창생들… ····································267
- 존경과 사랑 ···268
- 운명 ··269
- 두 아들의 태몽꿈 ··272
- 큰아들 정훈아! ··274
- 둘째 아들 주훈아! ···276
- 나의 어린시절 "꿈"과 여생의 바람 ····················277
- 어린 유년시절의 회고 ··280
- 마침표 속에 떠오르는 지난 세월 ·······················281
- 죽음, 그 자체가 운명이다 ··································283
- 황혼의 석양길 인생 ···284
- 나의 친목단체 ···285
- 나의 자원봉사 활동 ···286
- 애경사의 부조금 ··289
- 버스 노선 방향표지 '엄지 척' ····························290
- 32년 '별공새'의 작은 지저귐 ····························291
- 공무원은 국가의 미래를 생각해야 한다 ············292
- 이 대통령 노인복지와 일자리 살펴보길 ············293
- 노년에는 반드시 취미 생활을 갖자 ···················294
- 한밭수목원 자원봉사 척척박사 박준영 회장 ·····295
- 그리움의 등불 숙이에게 ····································296
- 돌아가는 人生길 ··297
- 한 번 더 생각해 보니 ··298
- 나의 유년시절의 회고 ··300
- 마음속 깊이 담아있는 끝맺음의 말… ················301

1장
80 인생, 되돌아보니…

오르는 길, 힘하고 어려웠으나
내리막길은
한 순간에 추락할 수도 있다

손자 도윤, 손녀 예주

□ 나는 말할 수 있다

본 자서전을 출간하면서
- 내 인생사 두 권의 자전적 에세이집을 후세에 남긴다.

· 80기념작: 내 인생의 속도
· 70기념작: 날개 꺾인 별공새

80 평생 나의 인생사 "삶"을 되돌아보니 유년시절부터 청년시절을 거쳐 중, 장년까지 아니 지금까지도 평범하지 못하고 가난과 굴곡진 인생 암울했던 그때 마치 허리케인처럼 거친 풍파 속에서 오늘까지 살아온 나의 인생 역경을 사실 그대로 기록한 진솔한 이야기를 여기에 담았다.

공직생활 중 두 번 면직, 두 번의 복직, 기막힌 사연 속에 법정투쟁 5년 35여 년간의 공직 중 5급 (사무관) 정년퇴임까지의 애절하고 슬픈 사연 속에 특히 1998년도에는 대한민국 정부를 원망하였고, 그러나 그 후 법정투쟁과 국회의 특례법으로 다시 복직 정년퇴임을 하였으나 연금 관계의 모순점으로 가장 뼈저리게 느낀 것은 이 세상에 "비밀은 없다"로 35년 전의 일로서 해당되었고, 또 하나는 세상에는 "꽁짜는

없다"라는 것을 체험했으며 인생사에는 "정답이 없다"는 것을 배우면서 살아왔으며 이제 노년이 되어서는 그래도 평온하고 잘살아가려나 했었는데 나에게 닥쳐온 또 하나의 슬픔은 아내의 폐암진단(2021. 4.)으로 나는 다시 다니던 일도 그만두고 아내의 병간호에만 집중, 그 사연들을 하나하나 자서전에 집필하였다.

이 기록들은 후세에 반드시 지침서가 될 것이라고 믿어 의심치 아니한다.

☐ 연안(延安) 이씨(李氏)의 유래(由來)

연안이씨(延安氏)의 시조(始祖)는 이무(李茂)公으로서 신라 삼국통일(660~668)의 대업(大業)을 도와 위공(偉功)을 세우고, 유사(留)하여 국민(國賓)의 우대를 받으며 연안후(延安侯)에 가봉(加封)되었으며, 나려(羅麗)를 거치는 동안 4개 파(派)인 태자 첨사 습홍(太子詹事 襲洪)공파, 소부감 판사 현려(小府監 判事 贅呂)공파, 대장군 송(大將軍 松)공파, 통례문부사 지(通禮門副使 漬) 공파로 나뉘어 범칭 국내 제일의 삼한갑족(三韓甲族)으로 명분을 지켜왔다.

사적(史蹟)으로는 경북 군위군 효령면의 장군동 마을이 있으며, 이곳의 지명(地名)은 이무(李茂), 김유신(金庾信), 소정방(蘇定方) 세 장군이 잠시 주둔한 데서 연유하였다. 이곳에는 세 장군을 기려 세운 효령사(孝靈祠)와 제동서원(濟東書院)이 있고, 그 경내에 있는 숭무사(崇武祠)에 세 장군의 위패를 모시고 해마다 단오절(음력 5월 5일)이면 관민이 어울려 받드는 향사가 이 고장의 향풍(鄕風)으로 이어지고 있다.

 이무(李茂)公의 묘소(墓所)는 대전 갑하산 현충원 안쪽에 모셔져 있고, 근방의 구암동에 위패를 모신 연원사(延源祠)가 있는데, 해마다 개천절(10월 3일)에는 전국의 후손들이 운집하여 세천(歲薦)을 올리고 보본(報本)하는 정성을 드려 돈종목족(敦宗睦族)하는 정의(情誼)를 다지고 있다.

 근세에는 상해 임시정부의 수반으로 조국 광복의 초석이 된 독립운동가 석오 이동영(李東寧) 선생도 연리의 후손이다.

아버지 어머니 생전 모습

 지금 이곳 충렬(忠烈)의 고장인 한밭 만성 산자락에 유래비(由來碑)를 세움에 동참하여, 청현세가(淸顯世家)의 후에 다운 처신으로 조상들의 홍은(鴻恩)에 보효(報效)할 것을 다짐하며, 이곳이 영원한 성지(聖地)로 보존(保存)되기를 기원(祈願)하는 바이다.

🗖 나의 아버지

나의 아버지는 1919년 ㉿7월 7일(칠석날) 태어나셨다고 한다.

아버지께서 태어나신 지 2년도 안돼 할아버지 할머니 모두 같은 해 젊은 나이로 요절하시니 생후 20개월 된 아버지는 할 수 없이 큰어머니 품에서 5명의 4촌들과 함께 한집에서 6형제 자매 살면서 성장하여 결혼을 하여 초가 3칸 집에서 가정을 꾸리고 8남매를 낳아 성장시킨 것이 우리 8남매 중 내가 장남이요 누이 둘, 동생 다섯 모두 건강히 잘살고 있다.

내가 벌써 80이니 큰누이는 88이다.

아버지께서는 논은 없고 밭 400평으로 살아가야 하니 그 어려움은 과히 여기에 쓰지 않겠다. 그때 우리나라는 일제강점기 시대로 아버지는 젊은 시절부터 일본에 강제 징용되어 규슈 탄광에서 일하시다가 우리나라가 해방되니 귀국선을 타고 고향에 돌아왔지만 농토가 없으니 일할 수 없어 젊은 시절부터 시골 5일 장터를 돌면서 (판교, 서천, 비인, 장항, 웅천) 야채 소매인을 시작하면서 술과 도박에도 손을 대어 어머니 속을 썩여가며 떠돌이 생활로, 집에는 별 관심 없이 열흘에 한

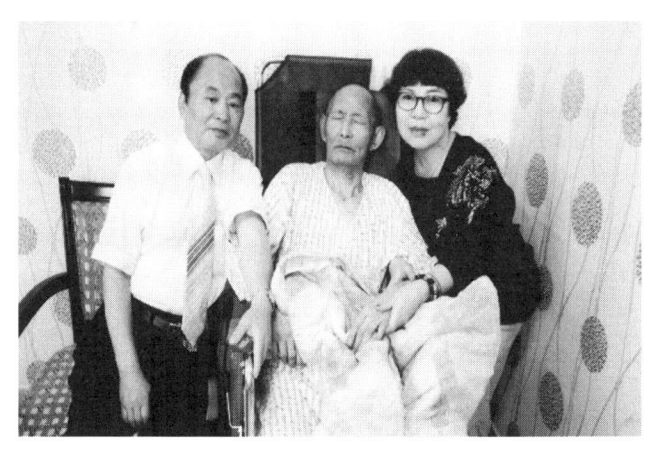

번, 한 달에 한 번 어느 때는 두 달에 한 번, 심지어 섣달그믐날에도 집에 오시지 않고 정월 초하루 새벽에 오시는 때도 이따금씩 그러던 중, 아버지 연세 50이 넘어서야 조금 마음을 잡아 장사에 열심히 하여 그럭저럭 생활이 안정되고 초가 3칸을 버리고 대지 100평의 넓은 집으로 이사도 했다.

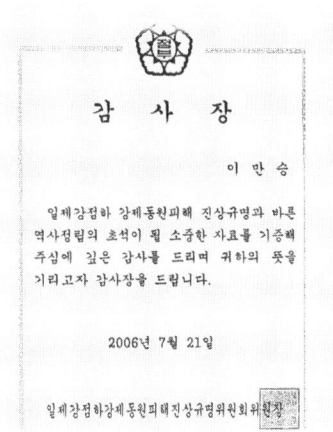

그때 아버지께서 제일 먼저 심은 것이 대추나무 두 그루 감나무 5그루, 앞에서도 나열한 바와 같이 나의 아버지는 젊은 시절 야채 장사로 계란. 무우, 배추, 쪽파, 마늘, 달래, 참게(논게), 밀도살 돼지 등을 사들여 서울 영등포 시장에 가서 팔고 오는 중간 도매업자인 셈이다.

서울 영등포. 상회 이름은 한국마늘상회, 영등포상회, 영광상회 등이었다.

나는 이 글을 쓰는 이유는 그때 1960년대에도 기차 기관사의 부정

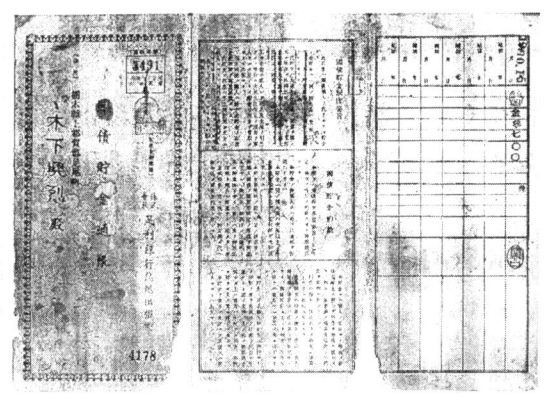

한 사례를 여기에 고발하고자 쓰는 것이다.

특히 지금도 잊지 못하는 달래에 대하여 쓰고자 한다.

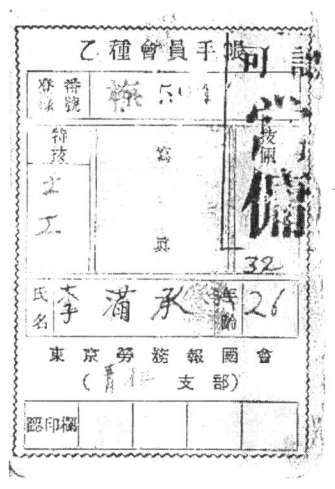

그때는 모든 것이 자연산일 뿐이다. 음력 정월보름이 지나면 보리밭에서 달래 또는 보태기라는 야채를 수집하여 장날 촌부들이 가지고 나온 것을 사서 모아 추운 날씨에도 깨끗이 씻어서 가마니에 담아 서울 영등포 시장으로 팔러 가려면 나와 아버지는 하루 전날 아니면 새벽에 지게에 지고 우리 집 비인 칠지에서 3시간 이상 걸어서 간치역 또는 주산역으로 간다. 그때는 대다수 간치역에서 화물차 칸(유미, 유가)의 열차가 연결 운행하였다. 그러므로 아버지께서는 간치역을 주로 이용하셨다.

지금은 역 같지도 않은 간이역으로 변하였다.

그러면 물품 달래 가마니를 화물차 칸이 정지하는 부근에 대기하여

놓고 열차 들어오기를 기다린다.

　이 물건을 본 기관사는 그곳에 정차하지 않고 화물칸의 문이 먼 곳에 일부러 정차시킨다. 그러면 아버지께서 앞으로 빨리 달려가서 기관사에게 몇 푼의 돈을 주면 열차를 앞으로 가던지 뒤로 후진하여 화물차 칸 문 앞에 대어준다. 그리하면 나와 아버지는 빨리 그 달래 3가마를 화물차 칸에 싣고, 아버지는 서울로 가시고 나는 지게 2개를 포개지고 터덜터덜 집으로 3시간 정도 걸어서 온다. 그때 내 나이 15살, 16살 중학생 때이다. 이때 나는 무엇을 생각하는가? 사회 성인들의 부정한 방법을 일찍이 보고 느꼈다! 나는 이때 부자가 되어야 하겠다고 마음속에 다짐하기도 하고, 아니면 경찰이 되어야겠다고 했다.

　지금 내 나이 80여 평생을 살아왔으나 성공도 못하고 돈도 못 벌고 경찰도 못되고 일반 행정공직인으로 40여 년을 봉직하였으나 끝내는 퇴직금을 일시불로 수령하여 연금이 없어 국가에서 주는 기초연금을 받아 살아가는 슬픈 노년 생활로…. 나는 그동안 헛됨이 없이 열심히 착실히 살아왔는데도 돈이 따르지 않고 시련의 연속인 운명을 타고난 것인가?

　내가 왜 이리 재운도 출세도 하지 못한 운명의 사주일까?

　공직생활 중 두 번 면직 두 번 복직으로 험난한 과거 법의 심판까지 받아야 했던 지난날…. 5급(사무관)으로 정년을 하였으나 내 공직생활의 얼룩진 생활, 나의 아버지도 평생 어렵게 살았으나 건강을 타고나서서 96세에 타계하시니…. 나도 아버지를 닮아 야채를 좋아한다. 특히 쪽파, 양파, 계란, 쓴나물, 달래, 무, 배추 마늘 등등 그런데 요즈음은 달래를 잘 안 먹는다.

　달래만 보면 65년 전 그 생각에, 가슴이 아프고 눈시울이 뜨거워지기 때문이다.

□ 나의 결혼 생활

나는 1975년 1월 26일 그렇게도 유난히 추운 겨울날 충남 예산군 예산읍 소재 '제일예식장'에서 축하객도 별로 없이 부모님과 일가친척만 참석한 가운데, 작은 아버지(이문승)께서 모든 것을 주선해주셔서 그야말로 조촐하게 결혼식을 올렸다. 그날 바로 충북 속리산으로 1박 2일간의 신혼여행을 다녀와 대전시 중구 괴정동 백운초등학교 옆에 월 3,000원 하는 삭월세 단칸방에 신혼의 둥지를 정하였다.

그러니까 팔순이 되는 올해(2025년)가 내가 결혼한 지 만 50년이다.

☐ 젊은 세대들에게 말하고 싶은

나는 제일 먼저 젊은이들에게 "호시우행(虎視牛行)"하라는 말을 하면서 이 글을 남긴다.

즉 눈은 호랑이 눈으로 보고 행동은 소처럼 하라.

젊은 시절에는 살아가는 人生史를 잘 모른다. 그것은 지식은 많으나 경험과 느낌이 없기 때문이다.

그러나 人生이 직장에서 퇴직하는 사업체를 자식에게 물려주고 또한 나이가 60,70대가 되면 이제부터 조금씩 알아가고 길가에 핀 민들레도 쳐다보게 된다.

이 때 부터는 생각이 많아지고 후회도 하게 된다.

어느 유행가 가사처럼 "있을 때, 잘 해!"를 인정하게 된다.

젊은 시절에는 바쁘기도 하니까 모든 것이 그저 그렇고, 토요일 일요일도 없었다.

이렇듯 모든 것을 내 중심 다른 것을 소홀히 생각하고 지나쳐버린다.

내가 젊은 시절에 왜 그러했던가 이제서야 후회한들 이미 지나간 세월 가버린 일들….

지금 이 글을 읽는 독자가 4~50대라면 지금부터라도 해야 한다.

아내에게, 살아계신 부모님께, 자식들에게 직장동료 또한 사회인들 모두에게 모든 행동 하나하나와 언사를 늘 조심하고 가급적 작은 것들을 베풀면서 살아야 한다.

베풀 수 없다면 말로라도 공손하고 겸손하게 하여야 한다.

이것만이 人生 후반 7~80대에 외롭지 않고 제2 제3 "삶"을 살아가는 데 큰 도움이 된다. 물론 人生은 타고난 운명대로 살아간다고 하지만 운명을 바꿀 수도 있다.

독일의 니체가 한 말처럼 나의 인생은 "아모르파티"이다 라고 한 말 즉 나에게 주어진 운명을 스스로 받아드린다라는 뜻으로써 우리나라 최고의 가수는 수십 년을 일본에 살면서 일본에서 활동하여 벌은 돈 수천억을 일본 남편이 다 갖고 빈손으로 한국으로 다시 돌아와 (2017) 아모르파티는 신곡을 내놓은 사연 속에 그 노래가 한국에서 히트를 쳐 인기를 누리고 있는 여가수도 있다.

❏ 젊은이에게 보내는 메시지(Ⅱ)

- 마지막 시험문제 4차인 것을 -

요즈음 젊은이가 꼭 알아야 할 "감사함" 그 마음을 늘 가지라는 뜻에서 나는 이 글을 여기에 남긴다.

고사성어에 신·언·서·판(身·言·書·判)이라는 말이 있다.

옛날에 관리를 뽑을 때 평가의 기준을 삼던 것인데. 이는 용모, 언변, 글씨, 판단력을 말하는 4가지 요건이다.

요즈음에는 안 맞는 것은 글씨인 듯하다.

하지만 요즈음에는 진심어린 감사한 마음가짐과 긍정적인 사고방식이 추가되어야 할 부분으로써 이 새로운 두 가지가 얼마나 소중한지를 말하려고 한다.

얼마 전 직원들에게 예우가 좋기로 소문난 우리나라에 있는 외국기업에서 신입사원을 채용하고저 1, 2차 필기시험과 3차 면접을 거친 후 다섯 명의 최종 지원자가 남았습니다.

인사부장이 이들 5명에게 3일 이내에 최종 합격 여부 결과를 알려줄 것이라고 통보했습니다.

이들 다섯 명의 지원자들은 초조한 심정으로 기다리고 있었습니다.

5명 중 한 여성 지원자가 회사로부터 다음과 같은 내용의 E-Mail을 받았습니다.

"귀하께서 저희회사에 지원해주서서 감사합니다. 그러나 안타깝게도 귀하는 이번에 저희회사에 채용되지 않았습니다.

회사의 인원 제한으로 인해 귀하처럼 재능있고 뛰어난 인재를 모시지 못하게 된 점을 매우 애석하게 생각합니다."

그녀는 마음이 아팠지만 한편으로는 E-Mail에 담긴 진심어린 위로의 내용에 감동을 받았습니다.

그래서 아래와 같은 짧은 감사의 응답을 회사로 보냈습니다.

"앞으로 귀사에서 하시는 모든 일들이 잘되시길 진심으로 바랍니다. 아울러 귀사의 일취월장과 무궁한 발전을 기원드리며 감사한 마음을 오래오래 간직하겠습니다."

그런데 3일째 되던 날 그녀는 뜻밖에도 회사로부터 "최종합격"했다는 전화를 받습니다.

나중에 알고 보니 그녀가 받았던 불합격 통지 이메일은 4차의 마지막 시험문제였던 것입니다.

즉 다섯 명의 지원자가 남았을 때 다섯 모두에게 그녀와 똑같은 불합격 통지 이메일을 보냈지만, 회사에 감사 메일을

보낸 사람은 오직 그녀 한 사람 뿐이었습니다.

젊은이들이여!

지금부터라도 이 세상을 살아가면서 어떠한 상황에서도 항상 감사

할 줄 아는 진정한 마음을 갖고 살아가길 바라는 마음에서 이 글을 여기에 썼으며, 젊은 시절의 생은 가급적으로 가시나무로 살지 말고 성실해야 하며 가시가 많은 나무는 재목이 못되어 크게 쓸 수가 없다.

❑ 지금도 잊지 못하는 유년시절의 슬픔

나는 가난하고도 더 가난한 산밑의 초가삼칸 옴팡집에서 8남매의 장남으로 태어났다.

먼저 태어난 누나들은 어린 나이에도 서울로 돈 벌러가고 나는 그래도 아들이라고 학교에 다니면서 봄이 되면 보리고개에 산나물과 남의 눈에 있는 자운영풀을, 그리고 보리풀, 씨를 털어다가 볶아서 죽으로 연명하면서 살아온 유년 시절.

여름이면 메뚜기를 잡아 구워 먹고 오후에는 이 논, 저 논으로 참게도 잡고 개구리도 잡아 팔았던 어린 시절.

나의 어린 시절, 중삭생 나, 기영, 도영, 큰누나(하), 둘째누나(상). 8남매인데 여동생 3명은 당시 촬영 못하였음.

어느 정도 커서는 지게 지고 이 산 저 산으로 나무하러 다니면서 때로는 똥지게를 지고 밭에 거름도 주었고 학교에서 돌아와 바다물때 맞추어 [밀물과 썰물) 서면 월호리와 비인 쌍도 앞바다에 가서 조개(바지락) 바닷게 등을 잡아오다가 하도 많이 잡아 무거워서 반은 중도에서 버리고 집으로 가져와 저녁이면 수제비를 해 먹던 그 유년 시절과 학생 시절.

지금 생각하니 나의 어머니는 젊은 시절에는 없어서 못 잡수시고 늙어서는 병들어서, 흰쌀밥 한 그릇 제대로 잡수시지도 못하고 이제 조금 살만하니까! 속아리 병이 들어 병든 가슴을 부여안고 내가 살던 대전 서구 변동에서 72세의 아쉬운 연세에 저세상으로 가셨다.

내가 그때 대전시청 공보관실 6급 공직 때였는데도 지금 생각하니 "효"는 잘못한 듯싶다.

그때 떠나가신 어머님을 생각하면 눈물이 앞을 가린다.

아울러 한 가지 더 생각나는 것은 내가 국민학교(현. 초등학교) 3학년 때 일이다.

세 살짜리 여동생 하나가 먹지 못해 배가 등에 붙어 쌕쌕거리다가 죽어가던 그 날, 그 장면은 지금도 눈에 선하다.

죽은 시신을 이웃집 아저씨의 손에 비료포대 종이에 쌓아서 뒷산 중턱에 나와 가서 묻고 올 때 나는 그 무슨 생각을 했겠는가?

나는 지금 80이 되었는데 그때 일이 지워지지 않고 눈에 선하다.

☐ 부모 제사와 차례는 자식이 주관하여 지내야 한다

　우리나라는 아직까지도 조선시대 유교사상이 뚜렷하여 전해 내려오는 문화 즉 관습상 모든 제사 등등은 장남에 이어 장손이 지내야 한다는 관습으로 내려오고 있다.
　나는 이런 관습이 이제는 잘못되었다고 주장하는 것이다.
　그래서 전에는 장남이 아들이 없으면 대가 끊겼다고 걱정을 하기도 하고 심지어 씨받이 등등을 써온 것이 아니더냐.
　그러나 지금은 시대가 달라졌다.
　아들딸 구별 없이 오히려 자식을 낳지 않는 시대로 변화, 아들이 없으면 딸도 제사를 지낼 수도 있고 심지어 외국에 여행 가서도 외국 현지에서도 지내는 지금의 세상 어찌 생각하면 나는 옳다고 보며 적극 찬성한다.
　그러므로 부모님 제사는 당연히 장남이 없으면 어린 조카가 지내지 말고 둘째, 셋째 자식들이 지내야 한다는 그 말이다.

사후에 들어갈 유택

　손자가 어리지 않고 어른이든 간에 지내지 말고….
　옛날 과거 이조시대에는 가부장 제도적이었고 농업시대였기에 장남과 장손에게는 특별히 유산을 더 물려주는 시대였기에 가능한 일이었을 것이다.

이것은 지금의 시대에는 맞지 않고 모두 평등하기 때문이다.

또한 맞지 않는 일이 한두 가지가 아니지만 속담 하나 나열하여 보면, 암탉이 울면 집안이 망한다고 했다.

지금 이런 소리하면…?

지금은 암탉이 울어야 집안이 번창하고 여성 상위시대 공동의 시대, 여성 대통령 시대이다.

이러한 시대에 살고 있는 우리가 할아버지, 할머니 제사를 손자가 지내는 것은 이론적으로나 실체적으로 맞지 않다고 본다.

그러므로 재강조하는 것은 장남이 없고, 둘째와 셋째 딸들이 생존해 있으면, 그 아들 딸 중 누구든지 지내야 하는 것이 현시대의 타당성이라고 주장하는 것이다.

지금은 그저 간결하게 차례상과 제사 등등을 형제자매가 모여 후손들이 부모님께서 돌아가신 날만이라도 1년에 한 번쯤 잊지 않고 기억하면서 부모님을 기리는 마음이 가장 중요한 것이다.

☐ 세상이라는 人生 고갯길을 살아보니

- 유년시절 -

배고프게 살아온 어린 시절은 왜 그리 잊지도 못하는지 꽁보리밥과 저녁이면 시래기죽, 아니면 밀, 수제비로 끼니를 연명하면서 살아온 유년 시절.

나의 어머님은 우리 형제들은 죽으로도 배를 다 채우지 못하면서도 아랫마을 얻어먹는 거지가 오면 줘야 된다고 죽 한 그릇을 담아 가마솥 안에 놓아두던 일.

이것이 지금 생각하니 나보다 더 못한 진정 이웃돕기가 아니고 무엇이겠는가 말이다!

이때부터 나는 어떤 생각으로 세상을 살았을까?

▢ 배고픔을 콩 한 알로 달래며

(상)저자, 기영, 도영
(하)막내 경희, 어머니

어느 해인가 추운 겨울밤….

하도 배가 고파 천정에 매달아 놓은 씨콩 몇 알을 어머니께서 화로불에 구워 주셔서 먹고 물 마시고 잠을 잤던 때.

지금 다시 생각하니 이 글을 쓰기가….

코끝이 아프고 돋보기의 안경이 눈물로 가리여 잘 안 보인다.

눈물, 콧물을 닦고 글을 써야겠다.

◻ 내가 태어난 곳 유래

– 사후에 가야 할 서천군 비인면 칠지리 마을 이야기

칠지리는 장군봉 아래 1.7km 긴 골짜기를 끼고 형성된 마을로 백제 시대에는 비중현에 속했으며, 신라 시대에는 서림군의 비인현이었고, 고려 시대에는 임천의 비인현이었다.

1418년도에는 비인현으로 되었으며, 조선말에는 비인군 군내면의 지역으로 옻나무가 많다 하여 칠(옻칠자) 지리라 하였는데, 1914년 행정구역 개편 때, 사동리와 저전리, 사단리의 일부를 합하여 칠지리라고 칭하고, 비인면에 편입됐다.

내가 죽으면 묻힐 유택 조성

나는 지금은 자연부락인 원칠리 30번지에서 해방 이듬해인 1946년 7월 태어났다.

그때는 35가구가 촌락을 이루어 거주했는데, 지금(2022년)은 단 9가구뿐이다. 내가 유년 시절에는 원칠리 35가구 중 70%가 기계 유(兪)씨가 살았고, 우리 연안 이씨는 20%가 거주하였으나 현재는 단 두 가구뿐이다.

또한 북쪽으로 사동마을(뱀골)은 한양 조씨가 90% 이상 집성촌을 이루었고, 저전, 사단마을 등등은 최 씨가 많이 거주하였다.

이제 나의 부부 유택지는 사단마을의 야산입구에 남향으로 서해바다의 가오새가 춤을 추고 쌍도 섬을 바라보며 바닷물결이 출렁대는 양지바른 중턱으로 선택하여 가묘를 해놓았다.

이곳은 서면 주항리와 바로 경계인 인접 마을이기도 하다.

또한 원칠리 뒤편에는 봉화산이 있어 이곳 봉화대에서 봉화가 오르면 뒷산 장군봉에 주둔하고 있는 병사들이 행동을 개시했다고 전하며 비인현 시절 남쪽으로는 서천 운은산 봉수로 북쪽으로는 남포의 동달산 봉수로 통했다 한다.

장군봉 중턱에는 여수바위에 여수가 살았는데, 사경을 헤매는 마을 노인에게 꿈에 산신령이 나타나 그 여우를 잡아 가죽을 덮으면 병이 깨끗이 낫는다고 하여 동네 사람들과 협조하여 그 여우를 잡아 가죽을 덮으니 중병을 앓던 노파가 깨끗이 치료되었다는 전설이 있고, 사동마을 입구에는 400여 년이 된 느티나무가 우뚝 서서 마을을 지키고 있는데 이는 한양 조씨 할머니가 이 마을에 최초로 정착할 때 심었다고 전해 내려오고 있다.

그리고, 칠지 서쪽 꼭대기에는 종묘와 함께 토지신과 곡식의 신에게 매년 제사를 지내는 사직단 터가 있었고, 칠지 남쪽으로는 논이 많은 마을이라하여 저전이라고 했다.

서면으로 넘어가는 경계 고개를 칠지 고개라 하였는데, 내가 어린 시절에는 밤이 되면 호랑이가 나와 사람들이 밤에는 다니지도 못하였고, 북쪽으로는 지금도 칠성 바위라는 지명이 있는데 이는 비인시장을 가는 길목에서 귀신이 자주 나와 마을 사람들을 괴롭혀 왔는데, 어느 날 도승이 나타나 수문을 외우니 그 모든 귀신이 7개의 바위로 변하여 칠성 바위로 지명을 지었으며, 지금은 행정구역상 서면 원두리로 되어있다.

내가 태어난 곳은 원칠리 야산 입구에는 나의 조상 연안 이씨 효자 이조윤과 이용명의 정려문각이 세워져 있는데, 이는 최초에는 지금부터 140여 년 전 1889년 건립되었으나, 긴 세월이 지나 그 후 훼손되어 비문만 선친께서 보관하고 있었던 것을 지난 2010년 8월경 서천군의 협조와 종친회, 개인 부담 등 5,000여만 원을 들여 재건립했으며, 서천군 지방 문화재로 지정되었다.

〈효자 비문 내용〉

효자 이조윤은 부모님의 건강을 위해 각종 산초약을 구하여 지극한 효성으로 공양하고 부모님의 연세가 90세에 이르러 지병으로 자리를 눕게 되자 4년여 간의 병치료에 온갖 정성을 다하였으나 병마가 악화

효자 이조윤, 이용명 정려

300여년 된 느티나무

되었을 때 자신의 손가락을 잘라 부모님께 피를 드려 10여 일간의 목숨을 더 연장케 한 지극한 효자로 이용명은 어려서부터 남달리 보모에 대한 효심이 지극하여 겨울철에도 죽순과 여름철에는 홍시를 공양하는 정성으로 부모님을 섬기던 중 14살 때 모친이 고질병으로 자리에

늙게 되자 깊은 산 속에서 약초를 구하던 중 산신령의 계시로 신약초를 얻고 호랑이의 길인도를 받아 무사히 집으로 돌아와 그 약초를 달여 드리니 모친의 병이 완쾌하여 지역주민들로부터 이는 하늘로부터 나온 효자라고 추대하고 이를 길이길이 기리기 위해 정려 문각을 세워 후세에 남김으로써 타의 표본이 되게 하기 위함이라고 전해 내려오고 있다.

- 자료협조 : 서천군 공보실

□ 붓과 칼

"신"은 인간이 태어날 때 먹고 살아가라고 노동력의 "복"을 주고 부와 빈, 그리고 건강을 주는 동시에 평범한 "문"과 "무" 중 하나를 주어 직업을 갖게 한다. 그러나 거의 모두 8. 90프로가 평범한 "문인"이며 무인은 10% 정도이다.

나도 부모님으로부터 그저 평범한 문인으로 태어났으나 정신적으로는 약간의 무인기질은 있으나 신체 구조상 무인이 되지 못하고 유년 시절부터 천예성을 타고났는지 글재주가 있어 평생을 행정가로 살아왔고 문인으로 활동하였다.

나를 비롯한 모든 인간들은 생의 마지막 순간에는 모두 평인으로 전환 생애 이전으로 다시 돌아감으로써 생을 마감하게 되는 것은 오직 신의 조화인 바 우리네 인생은 이에 굴복하면서 항거하지 못한다.

나는 나의 일생을 통하여 두 권의 저서를 만들어 낸 것은 오직 선천적인 글재주를 주었기에 출간하였으며 본 저서가 후세에 많은 지침서가 되길 바라는 마음뿐이다.

▢ 노년의 침묵

노년에는 아름답고 존경받으면서 살아가려면 "침묵"해야 한다. "침묵"은 최상의 언어이며, 부정적인 언어는 나에게 "불운"이 올 수도 있다. 이제 우리는 어르신이 되었으니, 오늘 이 시간도 살아있음에 늘 감사한 마음과 행복한 생각으로 살아가야 한다.

내 나이도 어언 80 인생사에서 나의 지나온 과거사를 회고해 보면서 후배에게 이 글을 남긴다.

- 사람은 태어나서 일생을 살아가는 동안 누구나 모두 그 과정은 참으로 어렵고 험난하다.
- 청년시절에는 이륜차를 타고 달리면서 직진만 하되 때로는 "의리"를 발휘하여 남에 잘못된 것을 보면 바로잡고 불법과 불의에는 가담도 해서는 절대 안 된다. 이것은 배신이 아니라 "정의"이기 때문이다.
- 중년에는 뛰는 거북이가 되어라. 지금부터는 전, 후, 좌, 우도 살리면서 뛰어가야 한다.
- 장년이 되면 거북이처럼 걸어가면서 낮에는 하늘도 쳐다보고 밤이 되면 별을 세어 보아라.
- 황혼길 노년(80 이상)에는 천천히 생각하면서 보고 들었어도 못 보고 못 들은 척 나만 알고 모든 것을 덮고 지내면서 길가에 진 이름 모를 꽃과 잡초를 자세히 보면서 살아가야 한다.

특히 젊은 시절 직장생활 때 상사에게는 아부, 동료와 하위직들에게는 서운하게 갑질했던 것이 생각이 나면 지금이라도 직접 찾아서 용서도 구하고 사과도 하면서 아무런 부담 없이 즐거운 마음으로 생을 마감할 준비를 가져야 마음의 평화로 행복감이 올 것이다.

내 경험에 의하면 전직 직장 내 갑질이 심했던 대전시청 몇몇 간부급들은 퇴직 후 행복하지 못하고 10년 이내 아니 5년 이내 70전, 후반에 모두 이 세상 사람이 아니다.

그런데 내가 아는 한사람 김모(46년생)씨는 지금도 살아있긴 하다.

사람은 젊은 시절부터 "선"하고 착하게 살아야 한다. 고위직이라 해서 악행과 업신여기고 돈만 취하려하고 하면서 직장생활을 하면, 퇴직 후에는…. 그리고 하늘에서….

이제 내 나이처럼 80 이상 된 우리네 노인들은 몸과 마음도 80여 년간이나 사용했으니 모든 기관이 노후화되어 고장이 자주 난다.

수리를 해도 완전할 리가 없다. 몸과 손등에는 핏기가 없고 손바닥과 발바닥은 땀이 안 나고 얼굴에는 주름살만 늘어가고, 건망증세로 생각이 안 나고….

그러나 노년에도 10% 정도는 볼링을 하지 않아도 튼튼한 몸과 건강한 정신을 유지하고 있는 노인네들은 젊은 시절에 잘 사용한 것도 있겠지만 나는 유전자의 법칙으로 생각한다.

"생"과 "사"는 자연의 순리요 하늘이 내려준 뜻이라고 누구나 모두 건강하게 80 이상 고생 없이 살다가 병석에 눕지 않고 그저 2·3일 정도 앓다가 생을 마감하고 싶어한다.

이러기 위해서는 착하고 선하게 살아야 죽음과 복도 후천성적으로 하늘에서 내려줄 것이다.

☐ 참다운 공직인의 길

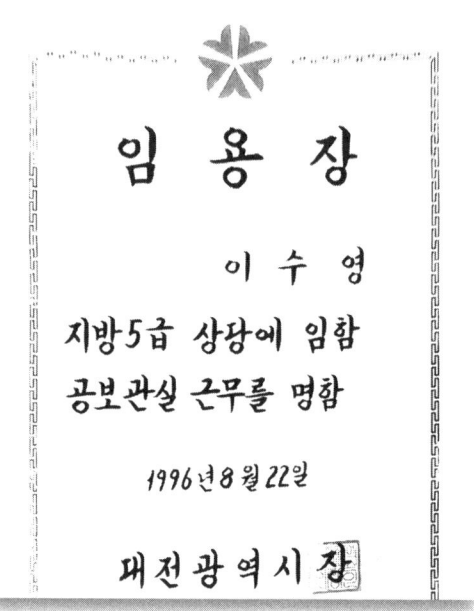

소신과 주관은 없고 그저 윗선 눈치만 보며 이리저리 줄만 잘 섰다가 정년퇴임할 때쯤 공기업 사장 또는 이사진으로 옮겨가는 고위직 공무원들, 국가와 지방자치단체 고위직 공직자들, 이러한 고위직 공무원들의 관련기업과 공기업으로 옮겨가는 제도를 빨리 법으로 규제하여 없애야 한다.

모든 공직인은 풍요롭지 못하고 그저 평범하고 청렴하여야 한다. 특히 하위직은 조금 어렵게 살아가야 한다는 마음가짐을 필히 가져야 한다.

공무원이 되면 다음과 같이 해야 한다.

첫째 : 입을(말) 조심하여야 하고(행동 등)

둘째 : 남의 돈이나 물건을 탐내지 말 것이며(부정한 뇌물)

셋째 : 주색을 가까이 하지 말아야 한다.(술, 여자)

2장
그리워할 때 떠나야 한다

☐ 4불 3거

이 말은 조선시대에 관리들은 4가지는 절대로 하지 말고 3가지는 거절하라는 뜻인데 현대인들에게는 구태의연하다고 하겠지마는 그러나 지금도 공직자에게는 시사하는 바가 커서 여기에 쓴다.

4불이란 ① 부업을 하지 말 것이며 ② 땅을 사지 말 것이며 ③ 집을 늘리지 말고

④ 명품을 탐내지 마라.

3거란! ① 위 사람의 청을 거절하여야 하고 ② 답례를 거절하고

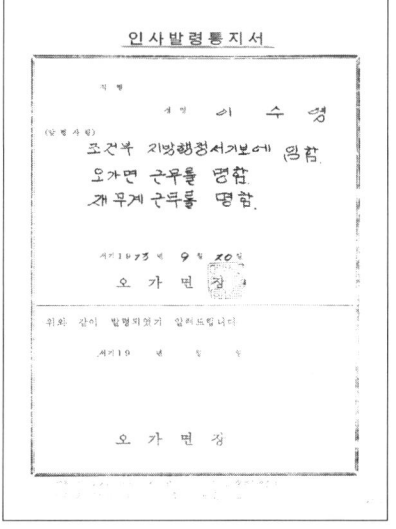

70년대 공무원 인사 발령장

③ 경. 조사 시 부조금을 거절하라는 뜻이다.

그러나 요즈음 공직후보자(장관급 이상) 청문회에서 느껴지는 바 크다.

청문회장에서 나온 말….

후보자는 장관은커녕 대학교수 자격도 없는 사람이 이렇게 지금까지 교수직을 하고 있는지 의심스럽다고 망신 주는 말….

이 말을 듣는 당사자나 가족들 특히 자녀들 마음의 상처는…. 물론 후보자의 지난날의 청렴도와 자질, 도덕성이 엉망이었으니 이런 말을 듣고 있는 것이 아닌가?

장관 이상 고위직 관리자가 되려면 ① 병역면탈 ②부동산투기 ③ 탈세 ④ 위장전입 ⑤논문표절 ⑥ 음주운전 등 여기에 위반된 사람은 공직자가 될 수 없다고 대통령이 한 말….

청문회를 해보니 4가지 5가지에 해당되는 사람도 많았고 재산 축적자는 말할 수도 없다.

이 시대의 직격인 관리들은 영조임금 때 이전인 김수행처럼 잘 살지는 못해도 최소한의 청렴도를 지키면서 국민을 생각하는 관리가 되어주길 기대하여 본다.

□ 인재 그리고 똑똑한 사람

- 긍정과 부정, 그리고 아첨 -

이사회에서는 똑똑한 사람보다 긍정적인 사람을 더 원한다.

인재와 천재 그 귀하고 똑똑한 사람 긍정적인 사람 모두 다 성격이

다르다.

긍정적인 사람이라고 아첨과 아부와는 다르다.

그러나 사실상 인재는 하늘(천재)에서 나고 똑똑한 것은 사회에서 만들어지는 것이다.

모든 인간들은 너무 논리적이고 이론도 많고 바른말을 잘하는 사람을 싫어한다.

특히 고위층이나 부자들은 더 그러하다.

나의 말을 고분고분 잘 듣고 긍정적인 사고방식을 갖은 사람을 내사람으로 만들려고 한다.

이것은 옛날에도 마찬가지였다.

옛날 삼국시대에 있었던 일이다.

신라에서는 종을 만드는 것이 특색, 그래서 신라의 종소리인가?

맨 처음에 종을 만들어 종을 치니 소리가 나지 않는다.

종을 땅바닥에 놓고 그냥 치니 소리가 날 리가 없지 않겠는가?

그러자 그것을 본 마을에 사는 8살짜리 남자아이가 하는 말이 그 종을 위에 끈을 매달아 땅에서 떨어지게 걸어놓고 종을 쳐보라고 했다.

그렇게 하니 종소리가 울려 퍼져 나갔다.

그것을 본 관아의 사또가 저 어린아이를 잡아 가두고 끝내는 사형을 시켰다.

왜 그랬을까? 저 아이는 너무 천재이니 크면 나라에 누가 될 인물이라고 했다.

지금도 세상 사람들 중에는 바보 같이 살기를 생각하는 사람도 있다.

똑똑한 사람은 배신을 할 수도 있다.

반면 긍정적인 사람은 깊은 사례로 배신감이 적다.

☐ 꿈을 가졌다고 모두 이루어지는 것은 아니지만…

- 꿈이란 인생의 방향을 정하는 것으로써 내가 원하는 것을 얻기 위함이다 -

"꿈" 젊을 때에는 반드시 꿈과 야망을 갖고 목표를 정해 그 희망으로 살아가야 한다. 그런데 요즈음 꿈 없는 젊은 청소년이 많다.

어린 유년 시절에는 꿈과 야망이 많은데 청년시대를 거쳐 중·장년기에 다가오면 그 꿈은 사라지고 현실에 안주하게 된다.

이것이 人生史이다.

그러나 매일 같이 작은 소망의 꿈을 갖고 살아야 한다.

그 작은 소방은 반드시 이루어진다.

거대한 꿈을 다 이루고 사는 사람은 불과 20%도 안 된다는 통계가 있었다.

人生 80~90을 가다 보면 꽃길만 걷는 것은 아니기에 험한 가시밭길 접촉탕 속에 빠져 걸을 수도 없을 지경에 이를 때 사람들은 극단적인 선택을 하게 된다.

저자 천원군 공보실 근무 시절
[1960년대 천원군 청사(천안시 오룡동)]

나도 1998년 IMF 당시 그런 경험으로 극단적인 생각을 해본 적이 있었다.(사연은 생략. 본 저자와 상담하고자하는 독자는 010 5422 2032로 전화해 주면 상담해 드리겠음) 그러나 生은 그저 참고 견디어야 한다는 말을 여기에 전한다.

견디지 못하면 혼자 자살 또는 아내 심지어 자식까지 다 먼저 죽이고 본인이 제일 나중에 자결하는 사례가 가끔 있다.

쉬었다 가라는 기회로 알고 용기를 갖고 견디어 내야 한다.

높은 산 정상에 올라가기 위해서 손을 땅에 짚고 기어 올라가 본 적이 있는가? 길은 열려 있다. 그래도 살아야 한다.

살다보면 새로운 길을 반드시 찾는다. 나의 경우와 같이….

❏ 인구(人口)가 많아야, 국가가 부강할 수 있나?

우리나라에서도 1960년대와 70년대에는 관 주도로 "가족계획"이라는 제도가 있어 행정기관에서는 가족계획 요원까지 있었고 가족계획 협회도 만들어져 있었다. 즉 아기를 못 낳게 하는 일명 산아제한으로 아이를 많이 나면 가난하다고 하여 관 주도로 홍보한 것이다.

영화로도 만들고 드라마도 상영하면서까지 홍보에 주력하면서 그때는 아들 셋, 딸 둘이 가장 이상적인 가정이라고 했다. 그 후에는 아들 둘에 딸 하나를 선호하다가 80년대에는 아들 하나에 딸 하나라고 이제는 아들딸 구별 말고 하나만 낳아 잘 키우자고 한다.

지금 현재(2020년대)는 국가가 먼저 자식 하나 더 낳기를 권장하고 있다. 국가의 인구가 많아야 국민들이 잘살고 부자나라가 되고 세계

에서의 강대국이 되는 것일까?

물론 미·중·영·일 등 땅덩어리도 크고 인구도 많다. 60, 70년대에는 중국을 가리켜 "잠자는 사자 나라"라고 했다.

지금의 중국은 과연 어떠한가?

중국 인구가 17억이라 한다. 전 세계 인구가 80억이고 하는데 물론 지금에 중국 잘 살고 부강한 나라, 세계 강대국의 나라, 우리는 미국, 중국, 일본 등 선진국의 면면을 살펴보며 외교관계를 돈독히 하여야 될 것으로 생각한다.

그러려면 우리는 자녀를 많이 낳아야 될지 아니면 어떻게 할 것인지는 우리 젊은이들의 몫이라고 할 수 있다.

☐ 피의 숙청사

이씨 조선시대의 역사를 되돌아보면 비통한 "피의 숙청사"로 인한 왕족의 애환이 많았다. 파벌조직으로 인한 투쟁의 연속성으로 세조와 단종과의 "단종애사" 이외에도 왕권 탈환을 위해 수많은 사화로 왕족들의 권력투쟁은 멈추지 않았다.

경종을 동생인 영조가 죽였다는 전설과 사도세자의 비애, 폭군 연산 등등 이외에도 동생, 형, 조카 등등은 물론 심지어는 아버지도 숙청하였으니 권력의 절대적인 왕권에 오르려는 세습이 지금 생각하면 폐습이었기도 한데….

이 지구상에는 아직도 세습의 나라도 존재하고 있으니 말이다.

사실상 조선시대에는 너무 어린 나이에 왕에 오르니 정사를 살필 수

없어 대비들의 섭정과 친족 외족들의 득세 등등으로 현대와는 걸맞지 않은 것만은 사실이었다. 그러나 조선 500여 년간의 실태를 재조명해 보고 또한 거울로 삼아 지금 현대인들이 다시 한 번 깊게 생각해 보라는 의미로 여기에 나열하였다.

☐ 현대인이 다시 한번 생각해 보는 이씨 조선 국왕 재위 실상

= 전주 이씨 =

태조 이성계의 조선 건국부터 27대 순종까지 무려 500여 년 동안 조선을 통치한 국왕들의 삶에 생활상을 알기 쉽게 요약해 보았다.

본 저자는 연안 이씨로써 중국의 이무 장군이 시조이며 이무 장군은 삼국시대 소방정 등과 함께 신라를 침략하여 그 후 귀화 우리 조선 땅에 후손을 남기게 되었는데 현재는 (2020) 전국에 24만여 명이 대전, 옥천, 영동, 경주, 강원, 부여, 서천 등등에 집성촌과 함께 전국 각지에 분포되어 있다.

중시조로는 16대 임금인 인조반정을 일으켜 성공한 이귀 조상으로 영의정까지 지냈으며 인조를 허수아비 왕으로 만들기도 했다고 기록되어 있다.

내가 여기에 이 글을 나열하는 것은 나의 처가 전주이씨 양령대군과 후손인 이씨와 30세에 결혼하여 두 아들을 낳아 문, 무(행정, 경찰)로 성장시켰고 나도 공직인으로써 국가에 이바지하면서 지금까지 살아왔기에 이 글을 쓴다.

지금도 전주이씨는 우리 연안이씨를 무서운 씨족이라고 생각하고 있으며 그 세력이 당당하다하여 "가래장치도" 못 당한다는 말이 있다.

전주이씨는 후손들이 번창하여 우리나라 성씨 7백여 중 3위로써 전국에 3백 2십만 이상이 살고 있으며 지금도 왕족의 후손인 것만은 그 누구도 부인할 수 없는 역사적 증명 앞에 사실이지만, 이씨 조선시대의 왕들의 행태를 보면 권력은 나누어 가질 수 없다는 명제 아래 자식과 형제도 어린 조카, 어진 신하 등을 죽이고 심지어 왕비, 후궁 등등을 어명이라는 미명하에 절대 권력을 가진 왕은, 왕의 말은, 곧바로 법이 되어 시행에 옮기었으며 간신들과 후궁들의 간교로 왕의 눈과 귀를 막고 정치를 하였으니 여인천하요 섭정으로 국사를 다스리니 과연 올바른 정치가 이루어졌겠는가 말이다.

모든 것을 종합해 보면…. 글쎄…?

이 글을 읽는 독자, 현대인들의 판단에 따라 각자 다르겠지만 지금은 우리나라도 조선시대로 되돌아갈 수 없지 않은가?

한나라의 지도자는 절대 권력자가 될 수도 없고 있어서도 아니 된다. 그런데 요즈음 세상 돌아가는 것을 보면, 조금은 돈 많은 사람을 망하게 할 수도 있고 대기업도 공중분해 시킬 수 있는 것이 권력을 가진 수구세력들의 횡포가 아닌가 싶다.

권력이 금력을 누를 수도 있으니. 하기야 국가 경제와 국방 등등 모든 사람을 오직 평화를 위해 통치하는 수단으로 하기 위해서는 어쩔 수 없는 경우도 있겠지마는 과거의 정치적 감정으로 분풀이식 통치가 되어서는 안 된다.

지금은 온 세계가 모두 경제가 우선이다.

선진국이란 경제 대국이 되어야 한다. 개인이나 국가 살림살이나 모두 돈이 있어야 대우를 받는 세상이 온 것이다. 그런데 요즈음 우리나라의 실정을 보면 유전무죄, 무전유죄, 권유무죄, 권무유죄라는 말이 자주 언론에 등장한다.

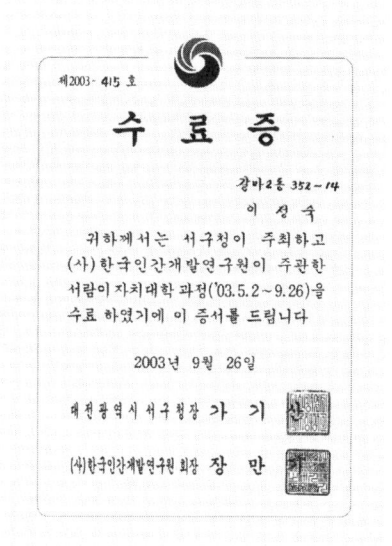

자유민주주의로 성장 발전하기 위해서는 법은 누구에게나 공정, 평등하여야 하는데 그렇지 않은 경향이 있는 듯, 돈 없고 권력 없는 서민들도 웃으면서 살 수 있는 세상은 오직 가진 자들의 배려와 권력자들의 특권 남용 안하기, 지도자는 선정을 베풀어야한다.

그러기 위해서는 우리 젊은 후손들은 거울을 보듯 역사를 알고 앞날을 설계할 수 있도록 이조시대의 통계를 자세히 보면서 과거를 조명하여 새로운 마음으로 현대를 판단할 수 있도록 본 저자는 이조시대의 역사를 통계적으로 나열하여 보았다.

통계로 본 왕들의 실태

- 자녀를 남기지 않은 왕: 4명: 단종, 인종, 경종, 순종
- 자녀가 많은 왕: 태종 29명, 성종 28, 정종23, 세종 22, 중종 20
- 어린시절 즉위: 현종 7세, 순조 11세, 고종 11세, 단종 12세, 명종 12세
- 재위 기간이 짧은 왕: 인종 0-8, 예종1-2, 성종 2-2, 문종 2-3, 단종 2-8
- 재위 장기 집권 왕: 영조 51-7, 숙종 45년-10, 고종 43-7, 선조 40-7, 중종 38-2
- 가장 오래살은 왕: 영조 83세, 태조 74, 고종 68, 광해군 67, 숙종 60
- 단명한 왕: 단종 17세, 예종 20, 현종 23, 인종31, 철종 33

※ 태조 (임금 6년 2. 상왕 10년)
　정종 (임금 2년 2. 상왕19년)
　태종 (임금 17년 9. 상왕 40)
　단종 (임금 2년8. 상왕 2년 유배지 사망)
　연산군 (임금 11년 9. 유배 2년 차 유배지 사망)
　광해군 (임금 15년, 유배 18년 유배지 사망)

고종 (임금 43년 7. 상왕 3년)

- 조선왕조 국왕제위 요약표 -

대수	묘호	즉위시연령	재위기간	타계시나이	자녀수	대수	묘호	즉위시연령	재위기간	타계시나이	자녀수
1	태조 이성계	57	6.² 상왕10	74	13	15	광해군	34	15.¹ 유배18 사망	67	3
2	정종	42	2.² 상왕19	63	23	16	인조	28	26.²	55	7
3	태종	34	17.² 상왕4	56	29	17	효종	31	10	41	8
4	세종	22	31.⁶	54	22	18	현종	19	15.³	34	4
5	문종	37	2.³	39	3	19	숙종	14	45.¹⁰	60	8
6	단종	12	2.⁸ 상왕2	17	0	20	경종	33	4.²	37	0
7	세조	39	13.³	52	5	21	영조	31	51.⁷	83	14
8	예종	19	1.²	20	3	22	정조	25	24.³	49	4
9	성종	13	25.¹	38	28	23	순조	11	34.⁴	45	6
10	연산군	19	11.⁹ 유배2 사망	31	6	24	헌종	7	14.⁷	23	1
11	중종	18	38.²	57	20	25	철종	19	14.⁶	33	11
12	인종	30	0.⁸	31	0	26	고종	11	43.⁷ 상3	68	16
13	명종	12	21.¹¹	34	1	27	순종	33	3.¹	53	0
14	선조	16	40.⁷	57	25						

(나의 아내가 천주 이씨: 양녕 대군과 승자 항렬이기에….)

☐ 백색, 흑색 전화 시대의 추억

- 전화의 변천사 -

- 우리나라 통신수단. 세계 제1위로 올라섰다.
- 고려시대 - 조선시대 - 봉화불
- 해방 후 - 전화기 옆에 손으로 돌리면 교환원이 나와 상대방의 전화로 연결해 주는 때
- 60년대 - 백색전화 - 전화를 팔고 사던 때
  흑색 전화- 내 것으로 팔지 못하고 사용만.
  이때는 손가락으로 돌리는 전화등장: 다이얼

길거리의 공중전화

- 70년대: 시내 곳곳에 공중전화 설치
  받는 전화만 되는 수신기 등장
  D.D.D 공중전화
  삐삐(수신만 되는 것)
  카폰(차에 매달려 있는 전화)

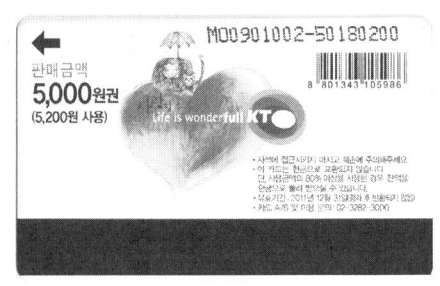

공중전화카드

- 80년대: 권총만한 크기의 H.P 옆에 차고 다

니는 시대 대중화되지 않은
- 90년대: 거의 대중화 시대 (H.P)의 크기도 작아짐
- 현대: 세계 제 1위의 통신시대의 스마트H.P, 3번 접는 폰시대.

☐ 이승에서의 부부(夫婦)는 저승 가서도 만날 수 있을까?

성인이 되어 이성을 만나 서로 좋아하다가 사랑으로 변하여 젊은 남녀가 결혼하면 부부의 연을 맺음으로써 신혼 초에는 살을 맞대고 살아가다가 나이 들고 늙으면 거의 대부분은 각방에서 생활, 끝내는 한쪽이 먼저 가는 것이 우리네 인생사(人生史)이다.

그 후 홀로 남은 한 사람은 간혹 다른 이성을 만나 재혼을 하는 이도 있지만 대부분은 외롭고 쓸쓸히 혼자 살아가다가 그 언젠가 그도 죽음에 이른다.

또한 나도 그 언젠가는 죽음에 이른다.

이렇듯 그 누구도 먼저 어떻게 가느냐가 문제일 뿐이다.

그러나 정상적인 삶으로 살다 80년 이상을 살았으면 갈 준비를 해야지 더 욕심을 부려서 어쩌란 말인가?

요즈음 80 넘은 노인들한테 물어보면 앞으로 10년 아니 15년을 더 살아야 한다고 서슴없이 대답한다.

물론 죽음은 내 마음대로 희망대로 되는 것은 아니지마는 늙어서도 욕심을 버리지 않는다는 뜻이다. 노인이 뇌면 죽음을 생각하고 준비하고 맞이하는 자세를 가져야 한다.

주위의 많은 사람들이 슬퍼하고 서운해 할 때 죽어야 한다. 그리고 죽은 후에도 많은 사람들이 오래오래 기억할 수 있는 사람은 아주 훌륭한 사람이다.

죽은 후에는 저 세상에 있겠지마는 무슨 천당과 지옥 과연 있을까? 그리고 '먼저 간 내 짝을 다시 만날 수 없다.'라고 생각해야 된다.

저 세상으로 가면 이 세상에서의 신체가 없어짐으로써 유전자도 없고 영혼만 가는 것이니 그 영혼이 무엇을 할 수 있겠는가?

저승은 새로운 세상이 펼쳐짐으로써 이승에서의 일을 모두 잊어버리게 될 것이다.

□ 환대 변호사와 거지 변호사의 시대

연 100억 아니 200억의 수임료를 올리는 변호사.

한번 수임료를 50억씩 받는 전진모, 부장판사 출신 변호사도 있다.

그러나 월 200만 원 미만의 수입으로 생활하는 거지같은 변호사도 있다고 한다.

생활비 사무실 운영비 참으로 어렵게 지낸다고 한다.

물론 개인의 능력이라고는 하지만 우리나라 구조가 잘못되었다고 본다.

사법고시 합격할 땐 부모 형제는 가문의 영광이라고 동네 마을 입구에 프랑카드 걸어놓고 부모는 동네잔치 벌였건만 그 후에는 현9급 공무원과 같이 생활하는 변호사들, 현직 변호사가 7급 공무원 시험도 떨어져 9급 공무원 시험 보는 시대가 왔다.

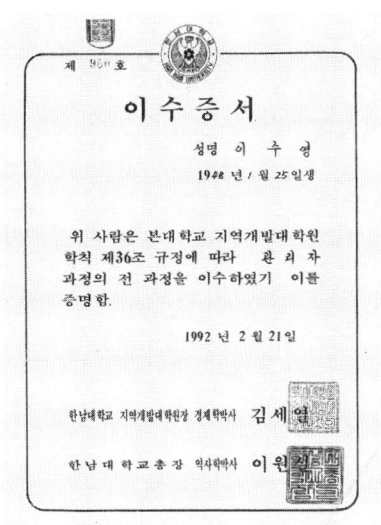

이것은 무엇을 말해주고 있는가.

사법고시를 없애고 로스쿨로만 해야 한다는 주장도 있다. 그러면 가난하고 머리 좋은 사람은 변호사도 판, 검사도 못한다는 말인가.

개천에서 용이 나올 수 없는가?

지금 이대로 이 두 가지 제도를 시행하여야 한다.

인재, 젊은 인재를 키워야 이 나라가 세계무대에 설 수 있다.

2016. 7월 쓰다

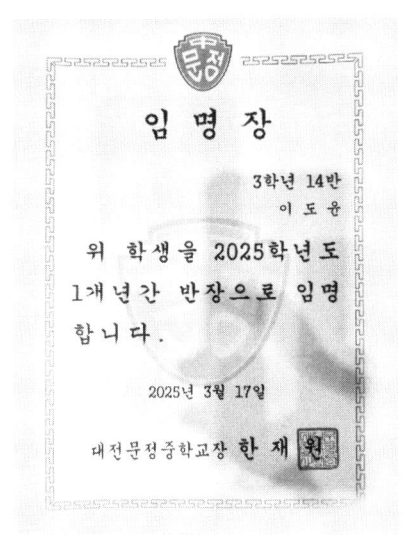

☐ 지진: 한반도 역사상 가장 큰 강진(5.8) 발생

   우리나라 지진 관측사상 제일 큰 강진(5.8)이, 2016. 9. 12. 월요일 저녁 8시 32분 54초에 발생했다.
   나는 이때 KBS 1TV 드라마를 시청하고 있었는데, 그때 우리 집은 대전 서구 갈마동 4층에서 살았다.
   갑작스럽게 TV가 떨리고 창문이 흔들리고 집 전체가 흔들리는 듯한 느낌과 몸도 움직여졌다.
   나는 지진이구나 하고 우왕좌왕 어리둥절하고 어디에 전화하려고 하니 핸드폰도 되지 않았다.
   한 10분 후에 T.V 자막 속보로 경북 경주에서 발생한 지진이라고 보도했다.
   처음에는 5.1과 다음 여진으로 5.8이라는 강도 높은 강진이 발생하였다고 정규방송을 중단하고 속보로 보도했다.
   경주에서 발생했는데 이곳 대전에도 불안한 정도로 심하게 느꼈다.
   각 여진이 10여 차례 있었다고 보도되었다.
   나중에 보도된 바에 의하면 경주지방은 APT 옥상 물탱크가 터져 홍수나듯 물이 흘렀고 유리창이 깨지고 물건이 떨어지고 등등 지진 피해로 22명의 부상 1000여 건의 피해 신고가 있었다고 보도되었다.
   이날 한반도 전역을 흔들어 놓은 강진. 일본에서도 느꼈다고 한다.
   이제 우리나라도 지진 안심국이 아닌가 보다.
   앞으로 건축물의 신축은 반드시 강진에도 견디는 내진설계를 해야 하겠다.

☐ 코로나19 언제쯤 종식되려나?

= 국가긴급재난지원금에 대하여 =
- 지급 기준 형평성 없어 모순점 많아
- 지자체에서는 하위 30%에게만 지급. 기준 마련 미흡
- 정부에서는 전 국민에게는 지급하기는 하였으나?
- 지자체, 정부, 따로따로 2회 지급.

우리나라 전 지역 아니 전 세계 지구촌을 강타하고 있는 코로나19 전염병은 언제나 끝나려나?

전 세계 확진자는 오늘 현재 300만 명 정도라고 하니 우리 대전 인구의 두 배이다.

이중 미국인이 100만 명을 넘어 세계 최고 1위라고 하니 참으로 걱정이 아니될 수 없다.

이중 사망자가 수십만 명으로 통계조차 잘 안 되는 상황, 코로나가 우리나라에서도 발발된 지도 벌써 90일이 넘었다.

이제는 조금은 진정되어가고 있는 듯하기는 하나 그래도 우리나라에서만 오늘 현재 (2020. 4. 21.) 확진환자 1,064명과 사망자 226명으로 발표되고 있다.

금년 초부터 지금까지도 경제 활동 등 모든 것이 정지되어 있는 상태 특히 사상 초유의 초·중·고·대학의 온라인수업.

그러나 다음 주부터는 관중 없는 경기와 공연 등은 재개한다고 한다.

단, 지자체별로 전담팀을 구성 생활방역으로 전환 운영한다하는데

이는 정부에서 한걸음 뒤로하고 지자체에게로 책임 전가하는 것이 아닌가도 싶다.

그러나 사회적 거리두기는 5.6일까지 연장하기로 했다.

또한 "코로나19"로 인해 국민들의 피해를 조금이라도 보상해 주기 위한 국민에게 지급하자는 재난지원금은 우왕좌왕하였다.

지자체에서도 지급하고 정부에서도 지급하자는 방침. 그러나 지자체에서는 시민 70%만 지급하자는데 그 기준이 의료보험료 납부하는 액수를 산출함으로써 기준 마련이 미흡, 사실상으로 받아야할 사람은 못 받고 받지 않아도 될 사람 즉, 재산이 수십억 원대를 가진 자도 받는 모순점을 들어내기도 했다.

이는 재산조사가 아니라 월별로 납부하는 의료보험료를 기초로 하여 지급했기 때문에 이런 현상이 나타난 것이다.

예) 1

부모의 재산과 은행예치금 등 부모는 수십억 재산가인데 보험을 아들과 같이 있어 아들이 월 140,000원 이하의 의료 보험료를 납부하고 있으면 그 부모는 재난기금이 해당이 되었고,

예) 2

부모는 무일푼으로 사실상 자식 집에서 같이 살고 있는데 아들딸이 월 의료보험료가 140,000원 이상 납부하면 그 부모는 해당이 안 된다는 기준 방침으로 산정하여 지급 기준을 마련했기 때문에 이러한 모순점이 나타난 것이다.

그런데 또한 정부에서 지급하는 정부긴급재난지원금도 '전 국민전

체한테 지급한다.'라고 했지만 이것은 아니다.

　이는 세대 구성으로 기준하여 세대주에게 지급하는데,
- 4인 가족 이상은　　100만원
- 3인 가족은　　　　80만원
- 2인 가족은　　　　60만원
- 1인 가족은　　　　40만원으로 하고 생보대상자는 현금으로 지급하고 그 외는 카드 (선불, 온통대전 기타 등등)로 지급하여 2020년 8월 말까지 모두 사용토록 하고 그 이후는 사용정지 됨으로써 국가에 자동 귀속되도록 하였다.

　그러니까 전 국민이 아닌 셈법이다.

　4인 가족 이상, 5인 가족 6인 가족도 많은데 무조건 100만원으로 상한선을 정하였으니 이것이 사실상 모순이요, 어찌 전 국민이라고 하겠는가 말이다. 이러한 정부의 정책들이 잘하고 있는지? 잘못하고 있는지는! 50년 후 아니 30년 후쯤이면 나의 손자, 손녀 후손들이 냉철하게 판단할 것이며, 현재(2020) 우리나라 국가부채가 1,800조 원 이상이 된다하는데 2020년 우리나라 1년 예산이 530조 원 정도이다.

　오늘 아침 이 글을 쓰는 이유는 내가 죽은 후에라도 이 책을 읽은 후인들이 우리나라 역사를 제대로 판단해 줄 것을 바라는 마음에서일 뿐이다.

　역사는 흐른다. 고로 우리는 이제 머지않아 이 세상을 떠날 것이다.

　그러나 나는 가고 없어도 이 책 속의 글은 남아 오래오래 후손에게 읽혀질 것이다.

　나는 여기서 한 가지를 더 추가해서 기록하고자 한다.

　2020년 4월 전 국민에게 국가재난기금을 지급하자는 정부, 여당 또한 야당도 후에 인정했지만 어쩔 수 없는 상황도 있었다.

이는 2020년 4월 15일이 국회의원(21대) 총선이 다가오고 있기에 민심은….

사실은 당초에는 정부 측 경제수장인 홍남기 경제부총리도 약간의 부정적인 모습을 취했으나 정부와 여당의 설득으로….

국회에서 본 안건의결 시 국회의원 300명 중 야당의원의 반대 3명 기권도 15명이나 되었다고 언론에서 보도가 되었다

2020. 5. 1. 쓰다.

☐ 경찰의 눈

범죄자는 경찰의 눈을 피할 수 없다

우리나라 경찰들은 무능하지 않다. 세계에서도 으뜸가는 수사력을

가진 대한민국의 경찰관들이다.

   범죄자 색출에 어려움이 많아 애로도 많겠지만 특수통의 활약은 미국 FBI보다도 더 유능하다고 한다.

   10년 아니 15년간 미궁에 빠질 뻔한 범죄자들도 검거하는 형사들과 경찰관들의 눈을 결코 피할 수 없는 것이 범죄자들인 것이다.

   내 아들은 훌륭하고 유능한 경찰관이 되기를 바랄 뿐이다.

☐ 코로나19의 종식 선언

   그 지긋지긋한 코로나19가 사실상 3년 4개월 만인 2023년 6월 1일자로 완전 종식된 것으로 대통령(윤석열)이 선포하였다.

   이제 코로나 종식되어 마스크도 벗고 음주도 마음대로 하니 또 하나의 문제는 주취자가 많고 음주운전이 낮에도 많아서 심지어 낮술에 취해 어린 초등학생을 치어 숨지게 하는 사건이 종종 발생하고 있다.

   움추렸던 생활에서 자유스러운 생활로 변하니 해외여행도 급증. 국내 관광지도 초만원사태 물가는 오르고….

   그러나 오늘도 코로나 확진자는(2023. 5. 12) 18,000여 명에 달하고 있다 하나 모든 사람들이 독감처럼 대수롭게 생각하여 그저 마음대로 활동하고 있다.

   코로나 검사를 기피하고 있다.

□ 보릿고개 없앤 민족의 영웅 대통령 박정희

◇이제부터는 다이아몬드형 경제로 중산층이 많은 사회로◇
- 국민 모두 다함께 잘 살 수 있는 자유대한민국의 지도자는 언제 -

추석 선물은 추석 지나서도 받는다는 정신 나간 고위공직자의 말….

지금도 정신 못 차린 고급관리들과 일부 정치인

부정부패는 절대적으로 막아야 하는데 과연 누가 막을 것인가? 그것은 오직 지도자 한사람 대통령의 의지가 있어야 한다.

대통령은 깨끗해야 한다. 나는 곰곰이 생각해 본다.

나는 도저히 이해가 안 간다. 지도자인 대통령들이 왜 부정을 할까?

현, 정부에서는 깨끗한 정부로써 검찰과 재벌들의 개혁을 꼭 해야만 한다.

하루속히 세제개편, 각종 불합리한 제도개선 국민연금, 아

울러 모든 국민 기본소득 보장제 등등을 실시하여야 하며, 일할 수 있

는 사람은 일을 할 수 있도록 일자리를 만들어 주는 것이 정부의 책임이며 대기업의 목표가 되어야 한다.

나만 돈 많이 벌어서 잘살아 보겠다는 기업가의 정신은 이제 그만.

물론 기업인 사주 투자는 했지만 돈은 누가 벌어주는 것인가! 재벌들은 횡포보다 사원을 생각하고 같이 공생하는 마음자세를 가져야 한다.

보릿고개를 없앤 박정희 대통령을 표본으로 삼아 재벌들은 청년과 노인 일자리를 창출하여 같이 일하고 같이 잘사는 평등사회로 발전시키는 데 한 몫을 다하여야 한다.

특히 우리나라 지도자 대통령은 한국적 자유민주주의 표본으로 21세기 근대적 제왕적인 강한 대통령으로 통치하는 대통령이 탄생하였으면 하는 바람이다.

80세(2025.1.20.) 저자

※ 나는 트롯가수 진성이 불러 대히트란 "보릿고개" 가요를 좋아하지만 잘 듣지 않는다.

이는 나의 유년시절 내가 배가 고파 봄이 오면 쑥과 지운영 보리풀 등등과 보리죽 밀죽으로 근근이 연명하는 그때 그 시절이 자꾸만 떠올라 눈물이….

☐ 〈칼럼〉보리 고갯길 - 코리아뉴스 24

[대전=코리아뉴스24] 이수영 기자

【대전=코리아뉴스24】이수영 기자 = 오늘날 70세 이상 노년층은 보릿고개의 서러움과 어려움을 잘 알고 있다.

지금은 명곡처럼 전설로 이어오는 보릿고개의 가사 중 초근목피(풀뿌리와 나무껍질을 뜻함)와 버들피리 꺾어 불던 그 곡조는 어머님의 한숨이었소라는 가사가 가슴 깊이 와 닿는다.

보릿고개란 음력 사오월로 지난해 농사지은 곡식이 다 떨어져 없고, 이제 보리밭에서 익어가는 보리는 수확하려면 두 달 정도 더 기다려야 하는 시기로 이때를 가리켜 춘궁기라고 했다.

배고픔을 다소라도 해결하기 위해 풀뿌리와 나무껍질을 벗겨도 먹었으며, 쑥과 나물로 굶주린 배를 움켜쥐고 우물가 샘터에서 시원한 물 한 바가지를 떠 마시고, 저녁이 돼서야 비로소 보리죽이나 밀가루죽이라도 쑤어 그저 생명을 연장하던 시절이 있었다. 그 시절에는 사실상 국민 70% 이상이 가난했고, 굶주렸고 어렵게 살아가던 시절이었다.

그러나 역사를 살펴보니 조선시대에도 보릿고개는 있었다고 한다. 이에 대한 설화 한편을 여기서 노래해 보면 조선시대 영조 35년 왕후가 세상을 뜬 지 3년이 되어 새 왕후를 간택하는데, 전국 각지의 규수 중 20여 명으로 추려졌는데, 이 중에는 열다섯 살의 어린 여자아이도 있었다.

임금이 직접 면접관으로 참여하는 가운데, 질문 중 첫 번째, 두 번째는 생략하고, 세 번째 문제에 이 세상에서 무슨 꽃이 제일 좋으냐고 물으니 다른 여인들은 별별 꽃 이름을 다 답하는데, 이는 목화꽃이라 대답했다.

이어 임금이 죽은 나무에 열매가 주렁주렁 매달린 것이 무엇이냐고 묻자, 곧바로 곶감이라 답하였으며, 마지막으로 제일 넘기 어렵고 힘든 고개가 어느 고개냐고 물으니 이는 춘사오월의 보릿고개라고 답하여 이에 임금이 매우 감탄했다는 일화가 있다. 이에 15세의 어린 여자아이가 최종 왕후로 선발되었는데, 그가 바로 정순왕후이다. 보릿고개에 대해서는 이렇듯 조선시대에도 기록돼 있으며 옛말에도 가난은 임금님도 구제하지 못한다 하였지만, 지금은 세상이 달라졌다.

사실상 보릿고개란 말은 1970년대 초부터 없어졌다.
이는 박정희 대통령의 위대한 업적으로 경제개발계획의 성공과 세계 속의 수출, 외국자본 유치, 철강산업, 고속도로 조성 등 경제 부흥에 힘써온 한편, 농촌의 탈바꿈을 위해 요원의 불길처럼 타오르는 새마을 운동의 성과를 무시하기 어렵다.

실제로 농업 기술 개발(통일벼)을 통한 생산성 향상과 논두렁콩심기 사업, 경지정리 사업, 마을안길 확장과 초가지붕 개량사업으로 잘 살기 위한 농촌마을 만들기에 기반을 다져 지금의 경제성장에 큰 밑거름이 됐다. 분명 보릿고개는 우리들의 어렵고 힘든 시절, 안타까운 역사의 일부로 당시를 그리워하거나 동경할 일은 아니지만, 춘삼월 조금 이른 따뜻한 봄바람이 부는 요즘, 배고팠던 시절의 추억과 향수가 가끔 생각난다.

☐ 〈칼럼〉병든 노인들의 서러움, 환자들은 말한다

[대전=코리아뉴스24] 이수영 기자

현재 우리나라 의료수준에 대해 환자와 보호자의 서러움과 그 애로사항 등을 살펴보려 한다.

의료 인술은 1980~1990년대보다는 너무나 많이 좋아졌고, 국가부담 보험이나 개인보험도 잘 돼 있으며, 신약도 3세대까지 개발돼 있으나 그래도 암 사망자는 연간 8만여 명에 이른다고 한다.

우리나라 대형병원들은 전 세계에서도 으뜸가는 상위권(4~6위) 꼽히지만, 이러한 대형병원들은 전부 서울에만 집중돼 있다. 이로 인해 서울과 지방과의 격차는 15년 정도가 벌어졌다고 한다.

이에 지방의 모든 환자들이 큰 병(암 등)에 걸리면 으레 서울에 있는 대형병원으로만 몰려들기 마련이다. 서울 5대 큰 병원은 매일매일 환

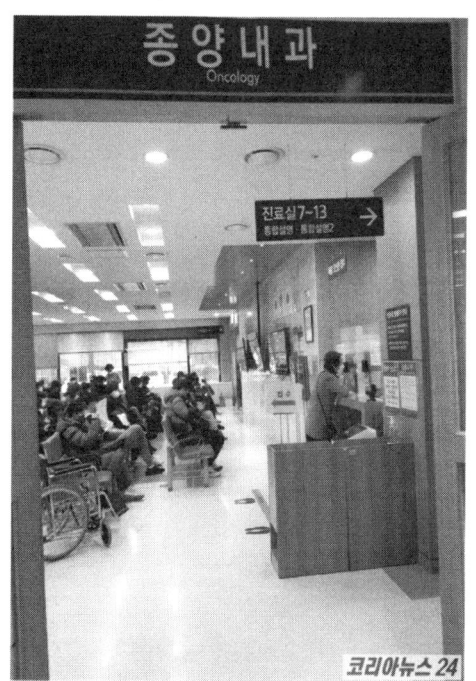

자와 보호자들로 북새통을 이뤄 복잡하기가 이루 말할 수 없다.

특히, 노년이 되어 병들어 지방에서 서울로 진료를 다녀야 하는 환자와 보호자들의 그 애로사항은 이루 말할 수가 없다. 지켜지지 않는 진료 예약 시간, 병원에 다녀본 사람이면 이를 공감할 것이다. 예정된 진료 시간이 무려 90분씩이나 지연돼도 아무런 말 한마디 못하면서 그저 기다려야만 하는 심정을 말이다.

어느 날은 오후 4시 50분에 진료 예약이 되어있는데 6시 20분에 진료하니 환자는 4시 50분 시간대를 맞추기 위해 2시간 전에 엑스레이와 혈액 검사 등으로 3시간 전에 도착해 검사하고 기다리고 있다.

전광판에 이름만 나오기를 2시간 30분 이상 기다리다가 진료는 5~7분 정도의 상담으로 끝나고 더 이상 묻지 못하도록 의사는 다음에 뵙지요. 예, 다음에 뵈어요라고만 하면서 빨리 나가기를 재촉하는 의사의 태도에 환자는 그저 힘들어할 뿐이다. 하긴 의사도 사람인지라 이 시간대면 지칠 대로 지쳐 있어서 환자에 대한 관심도 없는 듯해 아쉬움이 크다. 의사의 하루 진료 예약 인원이 너무나 많은 듯한 생각도 들지만, 의사에게 물어보니 하루에 오전만 근무 시에는 80여 명이 되고 오전, 오후 종일에는 130여 명을 진료한다고 한다. 지쳐 있는 의사를 보면서 의사의 눈동자는 흐려져 있고 말도 제대로 못 하고 이래서야 이 짧은 시간에 판독이나 제대로 하고 환자에게 설명하는 것인지에 대한 의문이다.

이러하니 차츰 신뢰성이 떨어지고, 그래도 환자들은 생존을 위해 이 병원 저 병원으로 다녀가면서 진료할 때 그 어려운 상황에 마음이 상한다. 그 어려움보다도 더 어려운 것은 "병원이 무슨 백화점인 줄 아느냐? 물건 골라 사듯이 여기저기 다니는 것이냐?"는 의사의 말 한마디가 더 괴롭다.

그러나 환자들의 가느다란 희망의 끈은 그저 살기 위한 최후의 생존 구걸을 위한 행위라는 것을 의사가 알아줬으면 하는 간절한 환자의 바람인 것을 이해했으면 하는 마음이다.

옛말에 큰 병의 환자는 3인의 정성이 있어야 속히 쾌유할 수 있다고 했다.

첫째, 본인의 의지로 나는 꼭 일어난다는 자신감을 말하고, 둘째, 담당 의사의 세밀한 관심으로 정성과 기술의 태도다. 셋째, 보호자의 지극한 정성과 보호로 이 3가지가 일치돼야 하는 지금은 그러하지 못한 것도 사실이다.

　이제 지방환자들의 간절한 소망은 지방의 대형 3차 대학 병원들도 시설과 장비 의료진의 수준이 언제쯤 서울과 같은 급으로 향상될 것인가?

　언제나 서울로 가지 않아도 지방에서도 마음 편히 진료와 치료를 받고 완치판정을 받는 그날이 올 수 있도록 정부 정책을 기대하면서 지방정부에서도 환자 중심의 진료시스템이 하루빨리 구축될 수 있도록 부단한 노력을 해줄 것을 기대해 본다.

▢ 우리나라 행정구역 확대 개편할 시기가 왔다

- 인공지능과 전산화 시대에 걸맞은 현 행정구역, 통, 폐합
- 지방소멸 없는 균형발전과 삶에 질적 향상, 인구정책 해소

　대한민국이 해방된 지 80여 년 이래 지방단위별로 부분적인 소규모적 행정구역 개편은 되었으나 국가차원의 대대적인 행정구역 개편은 없었다. 이제 우리나라도 경제, 사회, 문화 등 제반에 걸쳐 세계 10위권인 정상에 도달하고 있다.

　이에 따라 여기에 걸맞은 행정구역은 확대 개편하여 인구정책 문제 및 삶의 질을 높이고 지상낙원으로써의 모든 지역이 사통팔달로 연결되어야 하며 토지는 경지정리로 단지 조성이 되어 모든 것이 대량생산과 함께 인구는 집단거주 문화의 혜택을 누리며 살아야 한다.

이는 오직 국가사업으로 국가지도자만의 결단으로 할 수 있다.

특히 대도시의 판자촌을 없애고 농어촌의 외딴집과 단독가구의 이주대책을 공영개발로 조성하여 전국적으로 시행에 앞서 시범지역을 선정 추진하고 결과에 따라 시·도·읍·면·동·리를 통합 재편성하여 교통망과 의료진의 수준을 높여야 한다.

인구 50만 소도시와 200만 이상의 대도시로 거점화하여야 하며 소.중.대 규모로서 집단거주의 생활상을 고급화로 만들고 대단지 토지를 조성, 인공지능과 첨단 과학의 기계적으로 농축산물을 생산하여 소비의 실효성에 따라 수급 조정을 하여 가격의 안정성을 유지할 수 있도록 한다.

한반도의 역사. 이제는 부침의 역사를 없애기 위해서는 과거를 원망하기 전에 우리의 자구노력으로 자력의 힘을 길러야 한다.

인구 5천만 결코 작은 나라가 아니다.

이제 우리나라도 의·식·주 문제가 거의 해결되니까.

환경문제나 교통 상·하수도 등이 중요한 시대이다.

지금 우리는 한반도 역사에 길이 남은 제왕적 지도자급의 대통령이 탄생하여 세계무대에 어깨를 나란히 하는 국가로 가야 한다.

물론 이러한 사업들을 시행하기 위해서는 참으로 어려움이 뒤따르게 마련이다

야당들의 반대, 환경단체의 반대, 각 자치단체 지방적 반대 이권. 형평성 등 수많은 이유로 반대가 있을 것이다.

그러나 이러한 엄청난 사업을 하기 위해서 밀고 나아가는 제왕적 지도자가 절실하다.

이 사업이 결실을 맺기 위해서는 10여 년 아니 30여 년간이 소요될

것_ 그러므로 지금부터 착실히 주춧돌을 놓아야 한 세대가 흐른 뒤에는 풍요로운 지상낙원의 대한민국이 될 수 있도록 할 것이다.

지금의 우리의 삶이 가장 중요하지만 미래의 후손에 삶도 오늘 못지않게 중요하다. 그러므로 좁은 땅을 넓게 이용할 수 있는 지혜는 바로 행정구역 개편만이 가진 큰 효과라고 볼 수 있다.

🗆 천재지변 재난피해는 정부의 책임

- 지구촌 기상이변에 따른 정부 대책 촉구 -

전 세계적으로 폭염과 한파, 폭우, 허리케인 등과 같은 자연재해로 연간 5,000여 명이 사망하고 있다고 한다.

이제 우리나라도 천재지변이라고 손 놓고 당할 수만은 없지 않는가? 그러므로 이제부터는 그 대책이 시급하다.

우리나라 기상관측 이래 112년 만에 2018. 8. 1. 일 강원 홍천 41°C 경북 영천 40°C 가축이 죽어가고 농작물은 말라 썩어가고 계란에서는 자연부화 되어 병아리가 태어나는 기이한 현상. 또한 2022. 8. 9일에는 기상관측 115년 만에 중부지방 즉 서울지역에 500m/m 이상 폭우로 인해 반지하에 사는 주민 2명이 사망과 9명이 실종되었다고 보도하였다.

이렇듯 인간수명 100세 시대라고 노래만 부르지 말고 강력한 행정력을 발휘하여 천재지변 대비 재난대책과 함께 기상 변화에 따른 모든 사항을 연구하여야 한다.

특히 농수산물, 가축대책, 과일나무 수송 갱신 등등 바닷물 이용방법, 농업용수와 공업용수, 생활용수 등등 달나라도 가고 화성탐사도 중요하지만 천재지변의 재난대책이 더욱더 심각하다고 본다.

환경변화에 맞는 제반 사항으로 발전시켜 아름다운 이 지구촌을, 아니 우리나라를 후손에게 물려주어야 한다.

□ 노년의 자원봉사 활동

오늘은 도서관.
내일은 수목원.
모레도 도서관
금요일은 국립중앙과학관.

정년퇴임 시 감사패

그래도 1주일에 네 번을 자원봉사 활동으로 한주 한주가 속절없이 지나가면서 한 달이 가고 1년이 또 간다.

  금년은 세기의 폭염 더위로 오늘도 35.6도를 오르내리는 찜통더위 열대야가 무려 28일째 벌써 8월 중순 내일이면 말복, 일주일 후면 처서가 다가오니 이제 더위도 꺾이겠지마는 내 나이는 79세 후반 4개월 후면 80을 맞이하는 인생사

  나에게도 그날이 서서히 가까이 다가오는 듯 이제부터는 그날을 맞이하는 마음으로 오늘을 살아가야 하며, 어느 시인이 말했듯이 "그 죽음에 이르는 시간을 맞이하는 마음으로 살자."

2024. 8. 쓰다

▢ 행복지수란…?

  나는 30대의 젊은 시절 80년대 하위 공직인으로 박봉에 시달리며 어렵게 살아가면서도 월급날은(매월 20일) 일찍 집에 들어오는 길에 옆집 슈퍼에 들러 현금이 든 월급봉투에서 돈을 꺼내, 라면 한 상자(30봉지)를 사 들고 집에 오면 어린 두 아들이 그 라면을 자주 끓여먹는 그 모습 볼 때와….

  이후 두 아들이 중·고등시절 점심과 저녁용 도시락 2개씩을 싸서 새벽 일찍 학교에 다니던 그 시절….

  그 후, 아들들이 성장하여 충대에 입학할 때와 졸업 후에 큰아들은 학사장교로 둘째는 중·장기 초급장교로 군입대 장교(소위). 계급장을 두 아들 모두 양어깨에 달아주던 그때. 큰아들은 중위로 전역, 둘째는 대위로 예편하여 다시 공직인으로 시험 합격통지서를 받은 날과 둘째

는 경찰학교 졸업식에서 또 한 번 더 경찰계급장을 양어깨에 달아주던 그때가 내 생애 가장 큰 보람과 감격에 눈시울이 뜨거웠다.

특히 두 아들 모두 군복 경찰복의 정장 모습으로 사열하여 연병장에 들어올 때 그 모습을 지켜보는 감격은…. 가장 큰 행복의 순간이었다고.

나는 오늘 내 나이 80에 이르는 황혼 길에 이제 내 여생은 얼마인지 몰라도.

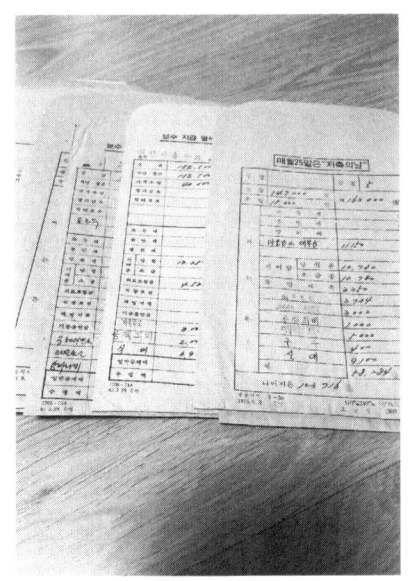

70년대 나의 월급봉투.
지금도 보관중이다.

내가 어린 유년시절부터 꿈이 경찰관이었데, 그 꿈을 이루지 못한 것을 둘째 아들의 대리 만족으로 삼고 오늘도 행복과 감사의 마음으로 여생 길을 걷고 있다.

❏ 계룡산 동학사, 야경 벚꽃길 따라

춘, 3·4월 꽃 피고 새가 노래하니 꽃구경 가자.

젊은 청춘 다 가고 백발 흰 수염 얼굴을 덮으니 서글픈 이내 심정은 힘마저 없구나.

버스 탈 때도 손잡이를 잡고 아이구 소리 내면서 버스에 오르니 다리는 아픈데 좌석 없고, 앉아서 가면은 좋겠지마는 양보할 생각 없이 눈을 감고 앉아있는 젊은이들….

아니면 옆에 누가 서 있는지는 아랑곳 하지 않고 그저 핸드폰만 열심히 보는 학생들….

동학사 가는 시내버스는 왜 이리도 만원일까?

하는 생각뿐 이래도 운수회사는 적자라고 투덜대는데 다음엔 택시로 가야겠다고 다짐을 해보건만 동학사길 벚꽃은 만발하여 땅에 떨어지니 마치 하늘에서 눈이 내리는 것 같은 풍경으로 변한다.

많은 인파 속에 나는 왜 혼자서 이렇듯 초라해 보일까?

2km 정도나 되는 벚꽃길을 천천히 걸으면서 이 사람 저 사람 부딪치며 걷는 인파도 풍각쟁이 노랫소리에 잠깐 귀를 기울이며 멈추기도, 노점상인 얼굴 보니 오늘 장사가 가히 짐작은 가는데 나는 그런대로 만끽하다가 호객하는 아줌마 따라 들어선 식당 구석에 앉아 빈대떡에 막걸리 몇 잔 마시고 나니 얼떨떨한 기분으로 귀가하는 버스에. 그런대로 행복감에 젖어보려고 마음을 굳게 먹어 보았지만 마음이 약해져서 눈시울이 적셔오는데. 지금은 밤 9시.

2018. 4.

내 인생의 속도

칠보 이수영 자전적 에세이

3장
인생 그 자체가 꿈

꿈만 꾸다 가는 인생사
꿈의 욕심보다 내 마음의 문을 열어야
평온한 인생이 된다.

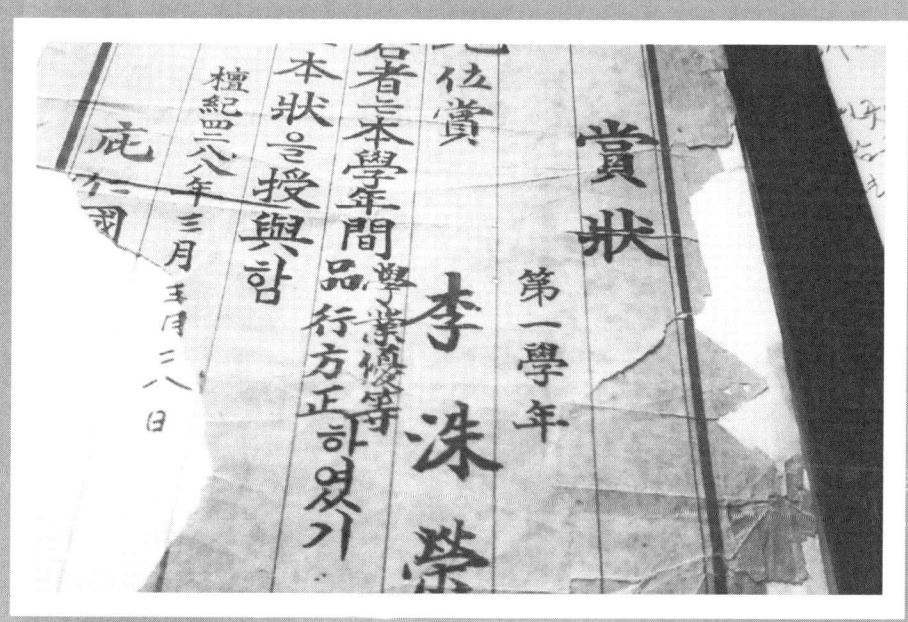

▢ 인생 그 자체가 꿈이 있다

- 나의 인생 80이 되고 보니 -

이 세상에 태어나서 유년 시절부터 노년에 이르기까지 "꿈"으로만 살아오면서 살아 가면서 2일생을 마치는 것 이것이 인생의 역사이다.

人生에 꿈 그리고 희망

이러한 꿈들과 희망을 권력자나 한나라의 대통령 또한 세계 1, 2위 부자들도 끝내는 그 희망과 꿈을 이루지 못하고 저세상으로 간다.

우리네 인간들은 모두다 사랑보다도 더 큰 욕심으로만 살아가는 사람들이 많지만 실상 이런 것들은 허황된 허공상일 뿐 결코 이루워지지 않는 것

인간은 모두 다 늙고 병들면 죽는다는 것을 다 알고 있다.

그러나 오늘을 살아가는 과정에서는 노력하고 타인과 경쟁하고 다투고, 남을 원망하면서 때로는 살인까지도 하면서 살아간다.

이것이 현대 인생사의 "삶"이다.

그러나 이제 내 나이 아니 모든 이들도 80이 넘었으면 모든 것을 내려놓아야 하는데 그렇지 않고 욕심부리고 더 많은 부를 축적하려고 애를 쓰는 노인들도 있다.

인생 노년의 불쌍한 노인들이라고 할 수 있겠지.

人生의 수명은 100세 시대라고도 하지만 대개가 85-6세가 되면 저세상으로 간다.

人生史 80年生 어떻게 보면 길고 긴 여행길에서 모두다 험난하고 슬프고 괴롭게 살아온 것만은 틀림이 없을 것이다.

노년 인생들이여!

이제 조용히 인생을 마감할 준비의 자세로 오늘 만을 위해 살아가야 한다.

☐ 세계인의 공포 "코로나19"

"코로나19"는 2019년 12월 중국우안에서 최초 발생하였다하여 그 명칭이 "코로나 19"라고 칭했다.

사실상 우리나라에는 2020년 1월 20일 서울에서 처음 환자가 발생한 후 2023년 6월 1일 자로 완전 해제까지 총 3년 4개월 10일 동안 국민 절반인 2,600만 명 이상이 감염되었다고 발표하였다.

긴 세월 동안 코로나로 인해 인간관계를 완전히 변화시켰으며 중,고등학생들은 졸업 후에도 동창생도 못 알아보는 사태까지 그것은 3년간 얼굴을 가린 마스크를 착용하고 다녔고 집에서 수업하는 날이 많았고

이로 인하여
1. 부모님과 친지들을 찾아보지도 못하고
2. 모든 행사에 불참하니 형제자매 관계도 멀어졌고
3. 음식을 나누어 먹을 수 없고 왕래가 단절되니 이웃사촌은 옛말로.

모든 일상이 혼밥과 혼술로, 애경사에도 돈만 보내는 문화로 변화, 나 혼자 개인주의로써 직장인들의 상호 간에 회식도 금하니 송별회, 환영회 등이 없어졌고 이로 인해 지금도 점심식사로 대체되었고, 국민의 마음은 두 갈래로 갈라져 분열사태까지 이르렀고, 인간상호관계는 이해, 양보, 배려, 봉사, 기부 등들은 각박해져만 가고, 그저 독신주의로 결혼도 안 하겠다 자녀로 살겠다하며 낳아도 하나, 둘 정도가 이상적이다라고 그저 돈만 있으면 된다는 생각뿐 살아갈 집은 없어도 고급승용차는 사야 되고, 사치와 낭비 소비성으로써 국,내외 여행과 스포츠, 오락 심지어 마약까지 매미처럼 살기를 원하고 한탕주의로 복권판매가 급상승하며 증권에 투자하고 꿀벌처럼 살지 않겠다는 시대상을 남겨놓았다.

이제부터라도 이런 것들을 바로잡아야 하는데 이것은 오로지 국민 개개인의 도덕적 마음이 가장 중요하지만 지금의 국민성은 도를 넘어 이미 늦었다고 생각되기에 국가가 이 기강을 바로잡아야 한다고 생각한다.

자유민주주의도 좋지만 참된 민주주의로 바꾸어야 한다.

자유는 자유를 가질 수 있는 자만의 자유를 누릴 수 있다.

자유가 그 한계를 넘으면…?

불법은 뿌리채 근절해야 한다.

강한 리더쉽에 강한 지도자 가장 절실한 때이다.

이제는 이러한 지도자가 탄생하여 강한 국민성으로 참된 민주주의를 발전시키지 않으면….

얼마 안 가서 큰 변화가 올 수도 있다.

☐ 福(복)과 幸運(행운)

타인들은 모두 행복하게 보이는데 왜? 나만 불행하다고 생각한다.

사람은 일생동안 누구에게나 3번의 행운이 찾아온다고 한다.

그 기회를 잡아야 하는데 잡기가 참으로 어렵다.

언제 어떻게 어디서 오는지 모르고 거북이처럼 왔다가 토끼처럼 달아나기 때문일 것이다.

그래도 그 행운을 3번 다 얻는 자는 천운이요, 두 번을 잡은 사람은 조상의 능력이요, 한번을 얻은 사람은 내 복이 터졌다고 한다.

그러나 인간 모두 90% 이상은 그 핸들을 잡지 못하고, 생을 마감한다. 그러므로 福과 행운이란 일상생활에서 얻고 즐기면서 살아가는 것이 지금 내가 제일 행복하다고 느끼면 진정 복이 있는 것이다.

人間은 모두가 일상생활에서 행복을 모르면 아주 不幸한 사람이다. 사실상 큰 행운이 결코 좋은 것만도 아니다.

갑작스레 많은 돈이 생기면 크게 불행해질 수도 있다. 그러므로 우리네 인생들은 평소 지금의 일상생활에서 행복감을 갖고 주어진 오늘이 가장 큰 행복으로 알아야 한다. 숨을 편히 쉬고 건강하여 걷고, 뛰고, 자연과 함께 웃고 즐기며 이웃과 함께 내 가족과 화목하고 사랑하고 존경하면서 가장 평범하게 살아가는 것이 제일 큰 행복임을 깨달아야 한다.

버스 안에 쓰레기통이? 시내버스 안에 쓰레기통이 과연 필요한 것인가? 버스 출구에 설치해 놓은 쓰레기통에 발이 걸려 넘어질 뻔 한 승객 김 모(57·대전 가양동)씨는 "왜 혼잡한 버스 출구에 쓰레기통을 설치해 놓았는지 그 이유를 모르겠다"고 일침을 놓았다.
사진=이수영 시민기자

☐ 지게 위에 진달래꽃이 피어있다

우리나라는 일제강점기에서 벗어난 1945. 8. 15. 일 해방된 지 5년 만에 다시 1950. 6. 25(일). 남침으로 인해 6.25라는 한국 전쟁이 발발되어 1129일 만인 1953. 7. 27일 월요일 오후 10시를 기해 전, 전선에 전투중시로, 즉 휴전 협정 조인이 되어 지금까지 휴전상태이다.

그러니까 1950~1970까지! 우리 농촌은 그야 만큼 가난에 가난 헐벗고 굶주린 상태로 봄이면 보릿고개 마른 봄_이라는 시절에 산은 모두 민둥산으로 정부에서는 사방사업을 실시하였고 계단식 개간되며 농토를 늘리고 하였으나 별 효과가 없이 그저 산에는 잘 자라는 아카시아 나무를 심어 산은 말이 아니었다. 도시에는 연탄 또는 부잣집은 기름 (석유, 등유 등) 농촌에는 땔감이 없어 먼 산에 가서 나무하는 것이 큰 일과였다.

산은 개인의 사유림과 국유림, 도유림 등등으로 구분되어 있어 관리를 하였으나 관리인도 그 산에서 마구 나무를 해 때던 그때 그 시절 농촌의 운송수단으로서는 사실상 지게뿐이었다.

우마차가 있었으나 마을안길이 좁아 다닐 수 없는 농촌길 시골 5일 장날엔 나무장사가 있었고 가마니와 곡식 등등도 사고팔고 거래가 왕성한 1950~1970년대까지 시골 5일장 풍경 그때는 동네 청년들은 봄이 되면 먼 산으로 지게지고 나무하면서 심지어 한창 피어난 진달래

꽃나무를 통째로 캐어오기 때문에 지게 위 바작에는 진달래 꽃이 피어 있어 나비와 벌이 날아다녔다.

이렇듯 1950년대와 1970년대까지 가난한 농촌생활, 그러자 1960년 초 박정희 장군이 5.16 혁명 이후 6개 항목으로 혁명 공약을 내걸고 국가재건최고회의 의장을 거쳐 대통령까지 하게 된 것이다.

이때 제일 먼저 한 것이 우리나라 화폐개혁 (1962) 환 단위를 지금의 원 단위로(100:1)로 한 것이다.

그다음 배고픔을 해결하고자 쌀 생산에 주력 통일벼라는 볍씨로 개량 생산량을 늘리고 계단식 개간을 하여 농토를 늘리고 바다를 막는 간척사업을 하였으며 산림도 보호하기 시작 농어촌도 연료를 가스 생산에 주력, 퇴비증산 등으로 본격적인 농촌 새마을 사업을 실시한 것이다.

농촌의 초가지붕을 걷어내고 함석, 스레트로 지붕개량 사업을 실시하고 (정부보조) 마을안길을 넓히고 리어커, 경운기, 이륜차 등등을 보급하는 대대적인 "농촌"새마을운동을 전개하여 전국에서 새마을 깃발 아래 새마을지도자 육성, 요원의 불길처럼 활활 타오르는 농, 어촌 소득사업의 새마을 사업이 전개되어 관청에서는 새마을계에서 새마을과와 새마을운동 본부까지 설치하였다.

새마을운동은 농·어촌 잘 살자는 운동으로 생산의 배가운동, 즉 자급자족의 목표로 가난을 벗어나기 위한 온갖 행정력으로 정부시책을 다한 것이다.

도시에서는 산업사회로 가기 위해 전기생산, 공업화. 전자, 통신선박, 철망 등등을 발전시켜 특히 공업화로 인해 반월공단, 구미공단 등 굵직굵직한 정부 시책사업이 시작되었고 그때 우리나라 최초로 경부고속도로를 건설하기에 이르렀다.

그때 내 고향 서천 비인에도 비인공단이 건설되고 철도까지 연결되었으나 다른 곳으로 변경되어 지금껏 비인공단을 이루지 못하였다.

특히 박정희 대통령도 국가 부흥을 위해 세계로 뻗어가기 위한 시책으로 서독에 간호사, 광부 등을 파견하여 외화를 벌어들였고 월남전에 군대 파병으로 국가 발전에 큰 이정표를 세운 것이다. 이는 오직 박정희 대통령의

그리운 그시절을 그려보면서
사진(인용)

큰 업적인 새마을운동의 성공으로 근대적인 영웅이라 아니할 수 없다고 본다.

이렇듯 업적을 세운 아버지 박정희 대통령의 공적에 힘입어 딸인 박근혜가 제18대 여성 대통령으로 당선되었다. 그러나 임가를 채우지 못하고….

고 박정희 대봉녕은 낳은 업적 중에서 경부 고속도로 건설을 빼놓을

수 없다. 경부 고속도로 건설단지 반대 했던 야당 당수들 양김, 나중에는 모두 대통령까지 하였으나 그때 당시 얼마나 반대했는지는 지금 젊은이들은 모른다.

공사 현장에서 불도저 앞에서 드러누워 항의도 하고 나는 지금도 그때 그 장면이 생생하게 기억난다.

내가 그때(1968) 천원군청 건설과에 근무하면서 고속도로 3구간 건설(천안-옥천) 업무도 보았다.

이제 우리나라는 전쟁 없는 나라 평화의 나라. 3.8선이 없어지고 통일로 함께 잘 살아가는 그날이 언제 오려나.

2018년 4. 27일 문재인 대통령과 북한 김정은 국무위원장의 남북정상회담으로 평화의 길이 열리고 종전선언이 선포되어 우리 후손들이 평화로운 속에서 자유민주주의를 노래하며 잘 살아갈 수 있는 그날을 기대해보면서 이 글을 마친다.

오늘이 마침 2018. 5. 5. 어린이날 쓰다.

☐ 현대를 살아가는 40대 이하 젊은 층은…

특히, 나는 여기서 현재(2025년 기준) 50세 이하에게 이 글을 쓰고 있다.

우리나라 지난 과거 역사 5천 년 전, 아니 4천여 년 전이 아니라 최소 근대사 100년 전후, 1930년대와 1940년대인 우리네 시대의 그 어려웠던 그 실상을 그리며 말하고자 이 펜을 들고 여기에 나열한다.

현대인이 그것을 알아서 무엇하겠는가마는 그래도 할아버지 할머니 세대들이 100년 전에는 배고프고 어렵고 힘들게 살아왔던 그 사연을 거울에 담아 그려놓지만 사실상 생각조차 하기 싫다.

그러한 시대가 우리 후손들에게는 다시는 오지 않기를 바라는 마음에서이다.

더 멀리 우리네 선조들의 시대인 200년 300년 전에는 어떻게 살았을까?

역사를 살펴보면 의문점과 식생활 등등과 자세한 기록은 찾지 못하여 잘 모르지만 천일야사 이조시대의 역사를 들여다보고 추측도 해보면 보릿고개도 있었고 왕권 하에 사대부와 지주제 소작농으로 구분되어 농토만으로 "농자지대본"으로 알고 기본으로 삼아 자급자족의 형태로 가난하게 살아왔음이 분명하다.

내가 여기서 나열하는 것은 적어도 우리시대 인생사 100년 전부터는 본 저자가 잘 알기에 이 글을 남긴다.

80·90 어르신들은 바로 1930년대와 1940년 시대 일제강점기 시대를 지나 해방 후 혼란의 시대, 그때도 모두가 가난했고 농사만 의존해 오던 그 시절 나는 1946년에 태어났으니 일제로부터 해방된 지 1년 후이다.

그 시절은 우리 집뿐만 아니고 모두가 다 가난했고 농촌은 빈곤층 초가지붕에 그저 논과 밭에만 의존하면 살았으니….

나는 부모님과 8남매의 장남으로 태어나 헐벗고 굶주림은 배고파 죽어간 여동생도 하나 있었다.

누나들은 그저 의무적인 국민학교를 마치면 그 이상의 배움은 중단한 채 서울로 돈 번다고 떠나고 그때만 해도 남아신호사상으로 나는 그나마 누나들의 도움으로 학업 운을 겨우 이어가던 중 6.25전쟁 4.19

3장 _ 인생 그 자체가 꿈

5.16 등등의 국가 혼란을 겪어가며 학교에 다녔으며 교복이 자랑스럽기도 했지. 학교는 학생이 많아 오전반, 오후반도 있었으며 한반에 60명 심지어 70명 방과 후와 토요일 일요일은 가정일로 물때를 맞추어 바닷가로 조개 잡으러, 산으로는 지게지고 나무하러다니며, 거름을 주기 위해 똥통을 지고 신작로에 자갈을 깔기 위해 돌을 깨러다니면서 미국의 원조물자인 480 양곡 밀가루와 우유, 분유 등을 배급받고 그럭저럭 겨우겨우 그런대로 고등교육을 마치고는 작은 아버지의 도움으로 공직에 발디뎌 군, 복무를 마친 후 다시 예산군청으로 근무하게 되어 오늘에 이르렀으나, 공직의 박봉으로 시달리면서 내 집 장만은 아내의 도움으로 45세 때 이뤘으나 80이 된 지금도 대전 둔산동의 23평 작은 APT에서 그럭저럭 살아가고 있다.

나는 과거 유년시절의 빈곤의 실상을 쓰려하니 더 이상 쓸 수 없어 여기서 펜을 놓으려 한다.

☐ 군대 생활의 정기휴가

내가 군 생활을 하던 1960년대에는 1년에 한 번씩만 20일간의 긴 정기휴가 제도가 있었다.

그때는 한 내무반에 70·80여 명이 내무생활을 하였다.

휴가 갔다가 귀대하는 장병이 있는 날 저녁이면 으레 고참들은 잠을 자지 않고 귀대병을 기다린다. 그것은 귀대병이 꼭 떡과 술(소주: 부산의 대선소주 큰 병)을 사 가지고 오기 때문이다.

그때는 PX에서도 포도주, 샴페인, 막걸리 등을 판매했다.

1969년 가을 수송대에서
(좌로부터 본인 이수영 병장, 양재억 수송관, 김○○ 병장, 박기만 병장)

그런데 나는 고향집이 하도 어려워서 (충남, 서천, 비인면) 어머님께서 쌀로 떡을 (1말 또는 2말 정도)해 줄 수 없는 형편을 잘 알기 때문

에 나는 3년 동안(35개월 25일간 복무 제대) 한 번도 정기휴가를 가지 않았다.

그리고는 병장 말년에 특별휴가 7일만하고 제대하였으니 아아, 그 때를 생각하면 지금은 눈시울이 뜨거울 뿐….

나는 부산 병기기지사령부 수송부 연료계에서 행정업무를 담당하였다. 그때는 통근버스 운전병에게 휘발유를 조금씩 더 넣어주고 팔아오도록 하여 용돈으로 쓰기도 하고 수송관에게 상납도 하였다.

이제 나는 그때 부산 감만동에 있는 병기기지 사령부, 지금은 60여 년이 지나 그 부대가 있는지 없는지도 모르지만 그 땅이라도 한번 가 보고 싶다.

☐ 다뉴브강의 참사 슬픈 사연

헝가리 부다퀘스트의 다뉴브강. 야경은 참으로 아름답다.

우리나라 서울의 한강변보다도 더욱더 아름다운 야경을 보기 위해 우리나라 관광객 33명과 현지 선장 승무원 등 35명이 한 유람선이 2019. 5. 30 대형 크루즈와 충돌하여 침몰되는 사건이 발생, 그래도 그 중 7명은 구조되고 나머지는 모두 사망 또는 실종되어 참으로 안타까운 일이 아닐 수 없다.

모처럼 계획한 외국 여행길이었건만 재가 되어 다시 한국의 고향으로 돌아오니 그에 대한 가족의 아픔은 어디에 비할까?

이들 중에는 평생 공직에(대전특허청) 몸 담아오면서 정년퇴임 기념으로 부부가 함께 떠난 8명도 모두 참변을 당하였다 하니 나도 전직 공직자로서 가슴이 아프다.

특히 여행가족 중 6살짜리 여아도 싸늘한 시신으로 변하였다 하니 참으로….

방송에 의하면 대전의 관광객 25명이 참사했고 4년이 지난 2023. 10월 현재까지도 시신마저도 못 찾았다는 유가족도 있으며 사고 낸 헝거리 선장, 카놀리스킨은 부다페스트에서 5년 6월의 구형을 받고 현재까지도 재판 진행 중으로 유가족들은 손해배상청구 소송 중이나 2023. 10 현재까지도 해결을 못하고 있다 한다.

나는 이 서글픈 사연을 접하고, 그 유가족들에게 마음깊이 "조의"를 표하며 고인의 명복을 비는 마음에서 여기에 이 글을 남긴다.

❐ 우리 땐 그랬다

나이 드신 어르신들은 이제는 "우리 땐 그랬다." 라는 말을 해서는 안 된다.

젊은이들은 이런 말을 하면 "꼰대"라고 비웃는다. 지금 시대는 어른들에게 물어볼 것이 없다.

왜 인터넷 시대이기에, 인터넷에서 모두 대답해준다. 심지어 꽃과 나무를 찍어서 물어보면 대답해주는 시대에 살고 있다.

농사도 경험이 아니라 컴퓨터에 의해서 재배하고 있다.

나이 드신 어른들의 경험을 무시해버리는 요즘 젊은이들 이제는 인터넷만을 믿고 사실상 정착하기도 한다.

우리네 노인들은 이제부터 "꼰대" 소리를 듣지 않으려면 행동도 조심하고 젊은이들을 이해하고 선도하고 그저 묵묵히 침묵하면서 살아가야지. 혼줄 내거나 반말로 나무라면 반항하는 젊은이들로 변해 버린 지금….

그 젊은이가 바로 우리 노인들의 자식이요. 손자, 손녀이다.

그러나 젊은 청소년 어린이들도 어른들에게 공손히 인사하고 존경하는 마음자세를 갖고 대중교통 안에서는 자리를 양보할 줄 아는 청소년이 되어야 한다.

☐ 역사는 흐른 뒤에 말한다

우리나라 초대 대통령부터 현재 대통령까지 대한민국 정부수립 이후 초대 이승만 대통령과 내각 및 과도정부를 거쳐 군사정권인 박정희, 전두환, 노태우 시대인 3. 4. 5. 6 공화국을 끝으로 민정시대인 김영삼 대통령부터 윤석열 대통령까지 그 간추린 업적을 살펴보면….

- 초대 이승만 대통령은 국가 기틀을 마련하기 위해 노력했으나 4.19 학생데모로 중도에 하야
- 윤보선 시대, 1년 남짓

- 5.16군사혁명으로 박정희 대통령 시대에 이르니
- 경제발전과 철강산업, 새마을운동, 화폐개혁(환→원), 보릿고개 청산, 양곡 대량생산 (통일벼)
- 농촌경지정리, 산업화로 세계시장 진출
- 대단위 단지조성, 자동차산업 발달
- 고속도로 건설과 전국 도로망 확장 및 개설 신설

· 총탄에 맞아 쓰러지니
· 최규화에 이어
· 전두환 대통령시대 개막
· 깡패 소탕, 삼청교육대 신설, 물가안정에 총력.
· 이어, 노태우의 6.29 선언으로 노태우 대통령 시대가 열려

- 이어 민정시대인 김영삼 대통령 시대
· 경제 살리겠다고 호언장담.
· I.M.F. 경제위기 시작
· 금융실명제 실시, 성공인가? 실패인가?
· 조선총독부 청사 철거, 일본이 우리나라를 강제 점거하여 36여 년간 통치해온 청사 철거는 과연 잘한 것인가? 잘못한 것인가? 각자 판단.

- 김대중 시대
· 1.M.F 현실로 오다
· 대기업과 공사 등등 구조조정으로 대량 실직 실업사태
· 공직자 연금 고갈이라는 명분으로 구조 조정시행, 전국 7,000여 명 강제 퇴직시행
· 경제파탄, 오일쇼크, 외환위기 등등
· 금 모으기 등으로 경제회복에 주력하였으나 결과는?
· 남·북 개선사업 화해로 햇빛정책 기틀 마련
· 김대중 북한 방문사 그러나 김정일은 답방 없이 결국 사망

- 노무현 시대
- 부정부패 일소하겠다고 호언
- 검찰개혁시도. 그러나?
- 대통령으로 최초 탄핵발의: 탄핵 부결됨
- 대통령직 퇴임 후 부정부패로 검찰소환조사, 다음날 경상도 봉화에서 숨지어 생애 마감

- 이명박 시대
- 경제 살리겠다고 장담 대통령에 당선. 그러나?
- 4대강 건설
- 자원외교. 실패냐. 성공이냐
- 국가채무 1,000조 이상이라니?
- 부정부패로 퇴임 후 구속된 대통령
- 구속기일 만기로 석방되었다가 다시 수감(2020년 4월 말 현재까지 구속수감)
- 2021 특별사면으로 복권

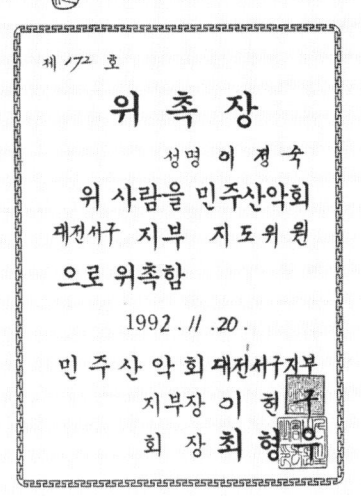

- 박근혜 시대
- 대한민국 최초의 여성 대통령으로 당선 (51%) (고. 박정희 대통령의 장녀)
- 최순실(개명. 최서원) 국정농단 사건으로 탄핵된 대통령. 박근혜.

- 대통령 재임 시 각종 대형사건 발생 특히 세월호 참사 등
- 대기업도산 실업사태 가중
- 개성공단 철수
- 수감생활 현재까지 3년차 (2020. 4.)
- 31년 징역형 선고: 언제 풀려날지 모르는 박근혜
- 2022년 특별사면복권.

- **문재인 대통령시대**
- 광화문 촛불시위로 당선된 대통령
- 촛불정신과 태극기 부대 등장
- 국가는 두 갈래로 혼선: 적폐 청산하겠다고?
- 박근혜 탄핵으로 임기 중 문재인 대통령 당선, 5년 임기 시작
- 외교관계는 과연?
- 남북정상회담 추진 김정은 북한 국방위원장과
- 북·미회담도 중개역할
- 북한 방문, 백두산까지 동행
- 국가부채는 늘어만 가고
- 검찰 개혁하겠다고 공수처 신설 (2020. 7월 발족)
- 전, 법무장관 조국 사태로 세상이 시끌
- 2020년 4월 15일 (수) 21대 총선 (국회의원) 여대 야소 성공 (여: 더

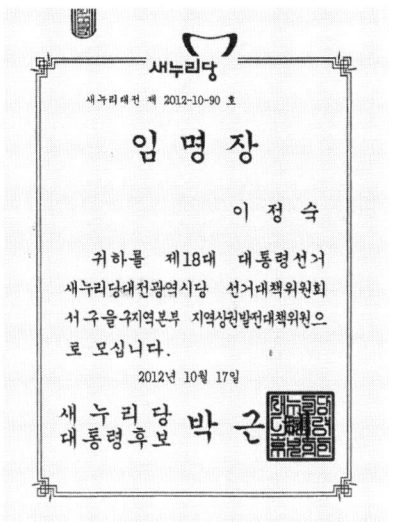

불어 민주당) 국회의원 300명 중 ※180석 확보: 비례대표 위성정당 포함
· 전 세계 전염병인 코로나19 우리나라에도 조기에는 대처 미흡했다고 지적도 받았으나 후에는 방역 모범국으로 타국 특히 미국, 일본, 이탈리아 등등에서 칭찬 자자
· 대구와 경북 일부 지역 ○○○교회 신도가 79% 감염

- 윤석열 대통령시대
· 검찰총장 출신. 대통령 출마 당선
· 5년 임기 중 2년 반 지난
· 2024. 12. 3(22:30). 비상계엄선포
· 2025. 1. 19. 2. 50분경 (공수처에 의해) 헌정사상 첫 현직 대통령 구속수감 (비상계엄 47일 만에)
· 석방
· 특검에 의해 재수감(2025. 7)
· 2025. 8. 12. 23:50, 주가 조작, 도이치모터스 사건 등등으로 특검에 의해, 윤석열 대통령 부인 김건희 여사 구속 수감. 전, 대통령 부부가 구속되기는 헌정사상 초유의 사태. 아마도 전 세계에서 처음 있는 일. 김건희 여사는 구속 후 첫 조사받는 날 이런 말을 했다고 '내가 다시 남편 윤 전 대통령과 만날 수 있을까?' 인생과 권력의 무상이 다시 한번 느끼게 하는 그말. 한 시절 대통령과 그 부인의 권력은 어디로 가고….
· 이재명 대통령 시대의 기대감 속에 2025. 6. 3. 선거 당선, 앞으로 5년간 경제와 안보로 평화의 시대가 열리려나?

☐ 노인들의 "삶"은 편의점에서

- 편의점 대형화로 변해야 한다.
- 미래의 편의점은 모든 이의 편의점으로 탈바꿈 시대

앞으로는 우리네 인간들이 편의점에서 모든 것을 해결할 수 있는 공간으로 변화되어야 한다.

도시는 물론 농어촌에도 편의점 없는 마을이 없을 것이다.

지금은 단순 생필품만 구입할 정도인 좁은 공간이지만 앞으로는 실속 있는 "삶"의 공간으로 변화하여 24시간 운영하면서 모든 물품을 손쉽게 구입하고 쉼터와 놀이 공간으로 여유시간을 누구나 쉽게 접할 수 있는 장소로 되어야 한다.

특히 영화, TV, 바둑, 장기, 음악 등등을 감상할 수 있고 대화의 장도 마련하여 혼밥 제공 등과 모든 것들이 편의점에서 공유하며 남녀노소 누구나 이용할 수 있을 광범위한 편의점이어야 한다.

그러기 위해서는 대형화로 발전시켜야 한다.

세대를 초월한 편의점, 청소년층에게는 배움터로 중·장년층에게는 삶의 충전 장소로 노인들에게는 노년의 삶의 일부의 터전으로써 그 역할을 다할 수 있도록 하는 장소로 변모되어야 한다.

특히 노인정에 갈 수 없는 60.70대와 은퇴자를 위한 상소이어야 하는 바 이는 국가 차원 또는 지방자치 단체에서 복지대책으로 운영. 시설 관리해야 한다. 언젠가는 이러한 복합센터 편의점이 탄생되리라 믿어 의심치 않는다.

▢ 人生史 8旬 넘고 9旬 가까이 오면

人生길에서 80이 넘으면 내일은 있으나 모레는 없다고 생각하면서 오늘을 살아라.

또한 9旬이 넘었으면 오늘은 있으나 내일도 없다고 믿으면서 살아가야 하는데 사실상 그렇지 않은 어르신들이 많다.

80대 노인들도 나는 앞으로 100년을 더 살 것처럼 行動하고 언쟁하면서 살아가는 고령화의 현재 노인들….

특히 과거 고급공무원을 지냈거나 현재 생활에 여유가 있는 사람들은 더 그러하다.

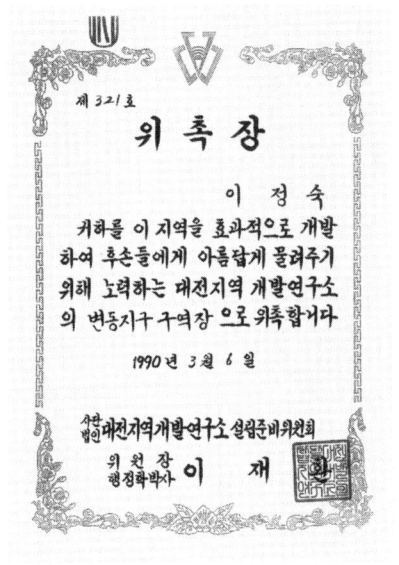

남을 위하면서 산다는 것은 새빨간 거짓말이라고 나는 주장한다.

흔히들 말하기를 "죽을 때 가지고 갈 거냐?"라고 말하는 사람들도 인색한 사람이 허다하다. 사실상 돈의 여유가 없는 노인은 할 수 없지만 그렇지 않은 노인들도 마찬가지다.

건물과 APT, 또한 현금을 은행에다 자식, 사위 등등 명의로 분리하여 예치해 놓고 매달 이자와 국민연금으로 또는 공무원 연금의 수백만 원 아니 천만 원 이상을 받으면서도 심지어 내가 아는 몇몇 사람들은 재산은 미리 모두 자식들에게 상속하여 주고 본인은 기초연금(월 300,000~ 350,000원)을 받는 사람도 있다.

그래서 나는 그 노인들에게 이렇게 말한다.

저 친구는 남겨놓고는 죽어도 자기를 위해 쓰지 못하는 지독한 자린고비라고. 내가 아온 친구 중 이런 사람들이 몇몇 된다.

심지여 점심한끼 사지 않으면서도 돈 있다고 자랑은 왜 하는지?

차라리 자랑이나 하지 말지

80이 넘은 노인들이여!

진정한 고령시대의 노인의 삶은 무엇인가를 한번 생각해 보면서 살아갈지어다.

☐ 사회 참여하고픈 70대 이상 노인들

노인들도 일하고 싶다 70%가 희망

남은 여생을 무엇을 하면서 어떻게 살아갈 것인가?

70대 이상 노인들도 왜, 일하려 하는가?

이는 경제적 도움과 생에 무료함을 해소하기 위한 것이다.

나이가 들면 내가 무엇을 어떻게 해보겠다는 마음을 접고 살아가야 한다는 것을 잘 알고 있지만 나도 75세 때 모든 것을 놓으니 참으로 지루하기 그지없다.

이제부터는 어떤 일을 하면서 보람되게 살아갈 것인가?

사실상 대책이 없다.

아무리 생각해도 해야할 일이 없고 모든 여건이 맞지 않는다.

그렇다고 매일매일 등산 갈 수도 없고 친구는 매일 만나려면 경제가

가야금 병창을 연주하는 조아영, 김선숙(저자 칠순 기념 공연)

뒤따라 주지 않고 여기저기 고스톱 방에 가면 인간이 추해지고 점심과 함께 술 한잔하고 오후 3시면 집에 오는 것도 한두 번, 대개가 집에서 TV만 보는 것이 요즈음 노인들의 일상생활. 물론 복지관, 노인회관에 가는 노인도 있지만 살펴보니 이용률이 겨우 18% 정도란다.

나머지는 사회기여 할 봉사, 또는 일하고 싶은 노인들 그러나 80이 다 되었으니 일할 곳은 없고, 노년의 취미생활도 경제가 뒤따라야 할 수 있다.

통계에 의하면 과거 고급공무원과 부유층들은 고급양로원 등등에서 지내고 그 중간층은 집에서만 지내고 하위층은 70대 이후에도 정부에서 실시하는 노인일자리로 하루 4시간씩 일주일에 3일간 일하면서 월 29만 원을 벌어 생활에 보탬이 되어가고 있다고 한다.

▢ 어느 80대 노인의 한숨 소리

- 먼저 저세상으로 떠난 친구가 부럽다고 한다.

잠에서 깨어나면 내가 '오늘도 살아있구나!'하면서 으레 제일 먼저 하는 일이 TV를 켜는 것이라고 했다.

그다음 약 한 봉지 먹고 또 점심 후에 저녁 후에 약을 먹어야 살아가는 80대 노인의 푸념에서 내가 약을 먹기 위해서 살아가는 것인가 하는 생각뿐이라고 하소연을 털어놓았다.

人生의 삶이란?

예술은 길고 人生은 짧다고 한 철학자이자 문학가인 아리스토텔레스가 말한 것이 지금까지 전해 내려오지만 사실상 '인생 90 결코 짧은 세월은 아니다.'라고 생각 한다.

내가 어린 시절 1940년대 아니 1950년대까지만 해도 동네 어른들은 대개 65세 또는 길게 살면 70이면 거의 모두 사망했다.

그래서 그때는 부잣집에서는 동네 사람들을 모아놓고 6순(환갑)잔치를 하기도 했다.

그런데 요즈음 21세기(2020년)는 보통 80을 넘고 90이상 100세 시대라고 한다.

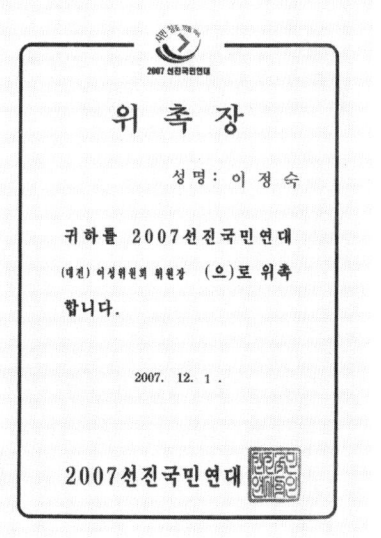

그러나 살아있기는 하지만 노인 인구 70%는 인간답게 살지 못하는 것이 사실이다. 병고에 시달리며 약으로 살아가고 생활고에 시달리며 국가에서 지급하는 기초생활보호자로 그저 겨우겨우 하루하루를 살아가면서 끼니도 못 때우는 노인들도 있다.

젊은이들이여! 젊은 시절에 돈을 벌어 놓아야 노년이 행복하다.

☐ 욕심은 어디까지일까?

나는 70년대 초 대전에 처음 왔을 때의 "꿈"의 한 가지, 이런 집 한 채만 있으면 했다.
- 단층 스라브집
- 70년대 초 싯가 300만 원에서 500만 원 내외
- 월 급여는 30,000~45,000원 정도(5급을류: 지금 9급 공무원)
- 전세: 독채: 백만 원에서 삼백만 원선.

◀삭월세 : 3,000원~5,000원
나는 이때 3,000원짜리 단칸방에서 삭월세로 살았다(1983년도). 대전 서구 괴정동(공군기교단 앞).

▶80년대 유행하던 2층집 전경
• 나는 이 집을 구입했다

◀서구 변동 이집을 구입했다. 이때는 집을 사고 한 달만 있으면 집값이 "배"로 올랐다.

▢ 그님들은 모두 다 갔다

내가 공직생활 중 한때 성장기 시절 나를 도와준 그 인사들.

그때 내 나이 30~40대 나는 대전시 총무과에 근무할 당시 나는 사실상 부러울 게 없을 정도로 활약했다. 나를 도와주는 분들이 행정부시장 이진봉, 총무국장 이기현, 총무과장 국웅신 그리고 몇몇 국장님들(최종복, 이세호, 최영섭 등등)

그때는 내가 말하면 팥으로 메주를 만든다고 해도 나를 믿어주는 인사들이었다. 거의 매일 퇴근 후에는 술자리가 많았고 밤 12시가 넘어서야 집에 도착했고 토, 일, 공휴일도 없이 근무 또는 상사 대접 하느라고 사실상 가정에는 소홀했다. 그래서인지 5급(사무관) 승진도 남보다 빨리하여 공보실로 자리를 옮기기도 했다. 지금 생각하니 벌써 50여 년 전 아니 40여 년 전 흘러간 지금 왈(2025년) 내 나이 80에 이르렀으니 그님들은 이 세상에 한 분도 없다.

이제 나도 얼마 안 가서 이 세상을 떠나겠지. 지금 생각한들 아무 소용없지만 가정에는 소홀했던 것이 한없이 후회스럽다. 그래서 나는 이제는 말한다. 현대를 살아가는 이 시대 중년 직장인들이여 나처럼 행동하지 말고 특히 직장 위주로 직장에만 얽매지 말고 가정에도 성실하라고 나는 공직 생활하는 두 아들에게(대전시청, 서울경찰청) 이따금씩 당부한다. 가정에 성실한 가장이 되라고….

☐ 춘장대 저녁노을

고요한 바닷물결 춘장대의 해넘이 시간
저 멀리 지평선에 아롱다롱 저녁노을에
내 마음은 어느새 물들여 있네
내일 아침 떠오를 마량포구 해맞이 일출로
희망의 빛이 솟아오르면
홍원항의 어선들도 만선되어 오겠지

2019. 12. 31.

서천군소식

〈출향인사 칼럼〉

또박, 터벅 걷는 公職이야기

www.seocheon.go.kr
2013년 5월 25일(토) 제268호

대전 서구 갈마동 **이수영**

'金'과 '色'을 좋아하면 長官이 될 수 없다. 나는 젊은 공직자들에게 꼭 들려주고 싶은 말이 있다면 이 말을 하고 싶다. '金'과 '色'을 좋아하면 長官이 될 수 없다고.... 여기서 더 한 가지 첨언한다면 그 사람 '술을 너무 많이 먹는다'는 말도 듣지 말아야 한다. 그리고 公職人은 내 주장보다는 남의 말을 주로 경청해야 한다. 청렴한 공무원 쉬운 단어이지만 참으로 그렇게 행동하기에는 어려움이 있다. '청' 맑다는 뜻이다. 맑은 물에는 물고기가 살지 못한다는 말도 있지만 그래도 특히 공무원은 깨끗하게 살아가야 한다. 요즘은 임명직인 높은 벼슬 즉, 장관을 하려면 국회청문회장에 서야 한다. 국회 청문회를 거치지 않고는 장관이 될 수 없다. 물론 장관급이하는 국회 청문회에서 부적당하다고 하여도 임용권자가 임명은 할 수 있으나 국민여론 등 모두가 마음 편치는 못하다. 시청자들이 공직후보자 청문회를 보고 있노라면 분통이 터질 때가 있다. 질의 하는 국회의원이나 답하는 공직후보자 모두 답답하고 한심스러운 점도 있다. 봐주기 식 질문도 있고, 근엄하고 엄숙해야 할 곳에서 정숙하지 못하고 비웃는 듯한 표현, 어느 후보자는 우리가 보아도 자질이 안 된다고 생각되고 또 어느 후보자는 공직 재직 중 너무했다는 생각도 든다. 물론 낙마되었고 그래도 임용은 되었지만 젊은 공직인들이여! 지금 조금 어려워도 청렴한 공직인이 되어야 하겠다. 물론 털어서 먼지 안 나는 사람은 없다. 하지만 그래도 직책과 직위를 이용하여 거짓과 부정이 있는 공직생활은 안 된다. 공직은 항상 나보다 못한 서민을 생각하면서 깨끗하고 청렴한 생활자세로 먼 훗날 적어도 청문회에서 낙마되어 망신당하는 일없이 지금부터라도 청결한 마음으로 살아가면서 먼 훗날에 고위 공직후보자로 지명되어 장관의 꿈을 이루어보자!

☐ 현대(2020년 기준) 노인과 젊은이의 직업관

지금도 80대 노인들은 일하기를 원하고 있다.

그런데 이와 반대로 젊은 2.30대 청년들은 일하기를 싫어한다.

왜…?

그 이유는 단 한 가지이다.

지금 현재 노인들은 놀 줄을 모른다.

우리네 늙은 세대들은 젊은 시절에 보고, 듣고 배움의 놀이 문화 혜택을 전혀 모르고 이 세상을 살아오면서 오직 단 한 가지 먹고 살기 위한 직업에만 충실히 가족을 위해 일만 해왔다.

한번 직장을 잡으면 이것이 천직으로 알고 직장에만 매달려 갖은 어려움 속에서도 참고 인내하며 살아왔기 때문에 옆을 처다볼 여유도 없이 오직 앞만 보고 달려왔기에.

지금 (2020년) 나이 65세 이상 노인층은 사실상 놀이가 없다.

그러므로 오직 이제는 TV에만 의존하고 몰입한다.

그중에서도 일일드라마 아니면 시사문제와 트롯트만을 좋아하기에 각 방송사에서는 이때를 틈타 트롯가수 발굴에 혈안이 되어 신종프로그램 미스터트롯에 이어 미스트롯 1.2, 사랑에 콜센터, 트로트세상 등등으로 인기를 모아 심지어 5살 9살난 어린아이에 이르기까지 트로트 가수로 데뷔시켜 아무 뜻도 모르고. 인생을 노래하고 사랑을 노래하며 여보, 영감, 왜 불러하며, 보릿고개를 노래하는 어린아이들 이러한 것들을 기획 제작 방송하면, 우리네 노인들은 그저 마냥. 귀여움 속에서 우리네 마음이 동요되어 심금을 울리고 눈시울이 뜨거워지고 있다.

이러한 방송으로 우리 노인들의 마음에 인기를 모아오는 현시대로 변하였지만 젊은이들이여.

지금 젊은 세대들은 놀을 줄을 너무나도 잘 알지만 일을 안 하면 국가경제가 위태로워질 수도 있으니 놀자야, 의식은 절대 안 된다.

반드시 일하면서 즐기는 선진 놀이문화로 발전시켜야 하며 애절하고 슬픈 트로트도 좋지만 이제는 밝고 경쾌하고 발전하는 노래로써….

우리네 세대가 지나가면 트로트도 약간의 멈춤이 오겠지.

☐ 애절하고 슬픈 노래 트로트…

가사에 담긴 사연이 향수와 추억의 노래로…. 우리네 인생을 표현하여 노인들의 심금을 울리는 우리나라만의 트로트.

한반도의 역사에서 근대사 100년을 보면 우리 대한민국은 일본의 강점기를 거쳐 1945년 8월 15일 해방은 되었으나 남과 북으로 두 동강이 난 채 1950년 북한(김일성)의 남침으로 6.25전쟁을 겪은 1940년생에서 1960년 사이에 태어난 지금의 7. 80대 노인들에게는 트로트가 정신적 지주였고 그 유행가로 마음을 달래며 살아왔다고 해도 과언이 아니다.

    그러나 현대인(2023) 50세 미만 젊은 층에게는 잘 맞지 않으나 그래도 아직은 우리 세대가 살아있기에 트로트를 테마로한 가요무대, 미스터트롯 등등이 방송되기는 하지만 앞으로 2.30년 후에는 지금의 국악처럼 보존될 것이 분명하다.

    트로트의 대중화는 우리 세대가 끝이 아닌가 싶다.

    이제 앞으로는 한 많은 대동강아 두만강아 잘 있거라 굳세어라 금순아 보릿고개 섬마을 선생님 동백아가씨 등등 보다는 k팝과 방탄소년단이 부르는 팝 등등의 시대로 변천될 것이다.

    이제 우리는 과거의 역사 속에 얽매여 원망만 하고 있을 때가 아니다. 세계 속의 경제 대국을 이루기 위해 전자, 철강 등등의 선진화를 하기 위하여 국민들의 모든 것, 정신적, 물질적을 개혁이 절대 필요하다.

    이 개혁은 오직 국가지도자 많이 할 수 있다.

    특히 정치인들의 여야 모두 힘을 합쳐 국민을 생각하고 국가발전을 위해 일해야 한다.

    개혁을 이루기 위해서는 소수의 반대도 있을 수 있지만 대중을 위해 강력한 리더십으로 추진해야 할 것이다.

▢ 육체와 영혼 그리고 수호신

    모든 동물의 육체는 죽으면 없어진다.

    인간들도 마찬가지이지만. 그러나 사람은 다른 동물과 달리 두뇌가 발달되어 종교에서 말하는 "영혼"은 과연 존재하는 것일까 하는?

의문에서 의문의 꼬리로….

누구도 단정 못하는 사후세상.

그러나 나는 "혼"은 있을 수도 있다고 생각은 하지만.

왜, 사람은 잠을 잘 때 꿈을 꾸기 때문이다. 꿈은 신(神)이 인간에게 준 유일한 선물이라고 생각하기 때문이다.

나는 꿈을 많이 꾼다. 잠만 들면 꿈의 세계로 간다. 심지어 의자에 앉아 졸고 있을 때도 꿈을 꾼다.

꿈 안 꾼 날이 한 번도 없다.

그러나 곧바로 잊어버리지만 며칠씩 아닌 몇 달씩 기억날 때도 있다. 거칠고 어려운 참혹한 인간 세상에서 살아가는 우리네 인생들이지만.

그렇다고 삶을 스스로 본인의 마음으로 포기해서는 아니된다.

스스로의 죽음을 택하는 자는, 나는 위대한 사람만이 할 수 있는 특권이라고 본다.

나는 운명론을 조금을 믿기에 "혼"은 존재할 수도 있다고 본다. 그러나 "혼"은 물체가 없음으로 정신적인 힘을 가진 "수호신"일 것일 뿐.

그러므로 神(신)은 인간에게 물질적으로는 도와줄 수 없으나 정신적인 생각을 갖게 할 수 있다고 본다.

생각의 정신에서 행동으로, 그 행동은 본인만이 하는 유일한 나의 권한이다.

타인의 지시에 의해 마지못해 하는 행동은 나의 행동이 아니다. 생각하고도 남의 지시에도 내가 행동을 안 하는 것을 내가 생각할 수 있는 힘은 운명이기에 그 나를 지켜주는 수많은 수호신들의 인도에 따라 내 주위를 에워싸는 많은 수호신들이 좋은 마음과 나쁜 마음으로 나를 보호하여 존재하기에 그 강약에 따라 바뀌면서 내가 살아가는 것은 수호신들의 방향에 의한 것일까. 이것이 바로 운명인 것이다.

수호신이 병들고 지켜주지 못하면 인간의 육체가 병이 들고 죽음까지 이르게 되는 것이다.

☐ 미래 먹거리와 인구 감소 대책

우리나라에도 이제는 농어촌 인구가 대폭 줄어들면서 고령화로 인해 향후 먹거리 생산에 차질이 올 것으로 예상된다.

사람이 살아가기 위해서는 문화예술 향락도 중요하지만 의식주가 더욱더 중요하다고 볼 수 있다.

사람은 일정 기간 먹지 못하면 죽는다.

인류 역사상 먹거리 부족사태에 관한 정확한 기록은 잘 모르겠지만 우리는 최소한 이조시대에도 농사에만 의존하여 흉년이 들면 백성들이 굶어 죽어가고 "보릿고개"가 있었다는 기록은 있다.

나는 여기서 1945. 8. 15 일제 강점기로부터 해방된 후부터 살펴보면 50년대 60년대까지 빈곤으로 양식이 부족하여 미국으로부터 480 양곡을 무상 또는 유상으로 원조를 받았고 기아선상에서 허덕이던 그때 그시절 "보릿고개"의 서러움 속에 굶기를….

손자 서준

그 후 60년대 후반부터 고 박정희 대통령의 "새마을운동"으로 우리나라는 산업화로 철강과 전자 농어촌의 부흥을 위해 초가지붕을 없애고 마을안길은 넓혀 생산과 물동량을 늘리고 논밭을 경지 정리하여 대단지 산업으로 육성시켰으며 심지어 잡곡 생산을 위해 논두렁 밭두렁에 콩심기 등과 천수답을 계단식으로 개장하여 생산량을 높이는데 모든 행정력을 농어촌에 집중시켜 오늘에 이르렀다.

나는 그때 70년 초 예산군 새마을계에 근무하면서 농촌 특수시책사업과 가내공업 등등 예산군 새마을사업에 매진하였다.

시금 내 나이 80에 이르니 벌써 흘러간 세월 반세기가 지난 오늘….

이제는 풍요로운 대한민국으로 발전되어 있으니 60, 70년도 시대는…. 그때 또한 농어촌 계몽사업으로 국가에서 산아제한을 실시도 하였다.

불과 반세기 만에 이제는 아이 더 낳기 운동을 전개…. 아이를 낳을 때마다 1억을 준다해도, 젊은이들의 반응은…. 자연적 인구감소로 인해 미래의 먹거리 위기의 시대가 올 수도 있음에 지금부터 그 대책을 세워야 한다. 이는 오직 획기적인 행정구역 개편으로 인구 및 농산물 생산성을 높여야 한다.

소작농보다는 대단히 산업단지로 조성하기 위해 소규모 부락을 통폐합시켜 그 지역 특성에 알맞은 것을 재배하고…. 농어촌에 젊은 피를 수혈시켜 젊은 농어촌으로 탈바꿈되어야 한다. 그러기 위해서는 저 출산 대책을 지금보다도 더 강력 추진하여야 한다.

보도에 의하면 정부에서는 지난 18여 년 동안 380여조 원의 예산을 투입해 저출산 대책에 노력해왔지만 2024년 기준 출산율은 1:0.75대로 나타났다고 했다.

그러나 한편 젊은이들은 지원 대책이 마련되면 아이를 낳을 수 있다는 답도 34% 이상이 되었다고 하니 우리 젊은이들에게 피부에 와닿는 지원을 해야 할 것이며, 두 자녀 이상을 가져도 좋다는 선호도 있으니 저출산에 대한 정부의지와 예산을 재정리하여 적정한 배분으로써 아이를 낳아 키우는 데는 가장 바람직하다고 할 수 있을 것이다.

☐ 젊은이에게 당부하는 현재

- 나이들어 늙으면 힘(力)이 없다.

이 말을 길게 길게 열 번 이상 생각하고 필자의 뜻이 무엇을 말해주려는 것인가를 음미하고 정의도 바른길도 사회적 옳고 그름도 경제도.

젊은 시절에 판단하고 경제도 젊은 시절 해놓아야 한다. 늙으면 모든 것을 할 수가 없다.

2020년 현재 노인빈곤율과 노인자살률 세계 1위인 우리나라 현실을 직시하여야 한다.

지금 우리네 70, 80대 노인들은 사실상 노후대책을 해놓지

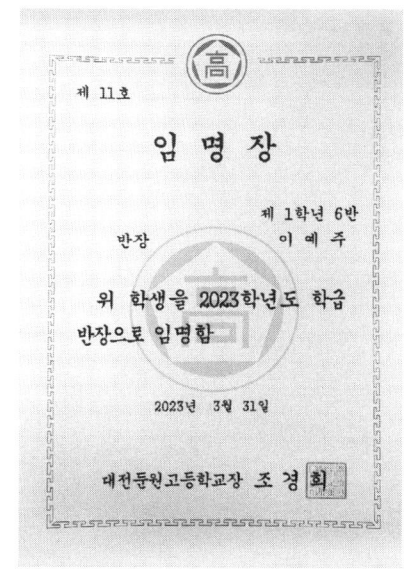

못했다. 심지어 30여 년 전에 시행했던 국민연금마저도 국민들이 믿지 못하고 가입 자체 또는 매월 불입금도 최하위등급 또는 중도에 해지 납부하지도 않았다. 그 이유로는 일제 강점기를 거쳐 1945.8.15 해방은 되었으나 1950년 다시 6.25 전쟁으로 경제는 파탄 속에서 부모님을 모셔야 했고 또 자식들을 키워야 했고 가르쳐야 했으며 그로 인해 본인들은 노후대책은 생각해보지도 못한 채 그저 그날그날 먹고 살기 위해서 어언 80, 90에 이르니 그래도 보릿고개를 없앤 박정희 대통령의 경제발전을 또 하나의 큰 업적이라고 할 수 있다.

그런데도 OECD 국가 중 노인빈곤 자살률 1위, 매우 수치스러운 일

이 아닐 수 없다.

젊은이들이여 지금부터라도 정신 차리고 노후대책은 꼭 해야 한다.

그러나 노후대책은 사실상 개인 개인도 중요하지만 정부의 국가시책이 가장 중요하다. 전 국민의 연금제도와 기본소득 등, 사회보장제도가 잘되어 있어야 한다.

아내의 병간호에만 전념하기 위해 서울아산병원으로 대전 충대병원으로 암전문요양병원으로 투병생활 아래, 간호에….

여기에 더 나열하고 싶지 않기에 여기서 중략하면서….

그래도 나는 공직에서 60에 정년퇴임한 후 지금까지 20여 년간을 직업전선에 뛰어들어 많은 직업을 가져봤고. 특히 이사회를 논하기 위해 중도일보 명예기자 객원기자 시민기자로 15 년간을 활동하였고 현재까지도 인터넷 신문사인 코리아뉴스24 기자로도 활동하고 있다. 그러면서도 나는 60대부터 자원봉사활동을 게을리하지 않았다.

2017년도에는 대전광역시장으로부터 봉사자에게 주는 "금장"을 받기도 했다. 정치와 사회를 풍자, 비판도 많이 하였으나 모든 것은 부메랑이 된다는 것을 잘 알고 있기에 반면교사로 삼았다.

특히 이번에 출간되는 본 자서전은 사실과 실체만을 서술적으로 명시하였기에 본 자서전은 내가 후손에게 남겨주는 마지막 유일한 지적 유산으로 자손들에게는 가장 큰 생의 지침서가 될 것이며 젊은 세대들에게는 첨단과학의 우주정복 시대에 가장 좋은 길잡이가 될 것이라 생각하여 본 자서전을 세상에 펴낸다.

2025. 새해아침

저자. 칠보

❏ 내세, 다음 세상은 과연 있는 것인가!

우리네 인생들이 저세상으로 돌아가면 육체는 땅으로 영혼은 하늘나라로 간다하는데 과연, 천당과 지옥으로 분류되어 영원한 삶의 터전으로 간다고 종교계에서는 말하는데 과연 내세의 세계가 있는 것일까? 하는 의문에 의문은 누구에게나 다 있는 것이다.

만약에 있다한들 조상님들을 다시 만날 수 있을까? 육체 없는 영혼의 만남이 무슨 소용이 있겠는가? 세상에서 있었던 모든 일들도 망각되어 기억할 수도 없을 것인데 또한 기억해서도 안 되겠지?

반대로 한번 생각해 보자. 지금 우리가 살고 있는 생애가 전생에 가 있었다는 것은 아무것도 모르고 살아가고 있지 않은가?

분명히 우리에게 전생이 있었다고 주장하는 사람들도 있다.

그렇다면 "꿈"이란 무엇인가?

꿈, 내 육체는 잠들어 자고 있는데 그사이 혼이 나가서 행동하고 있다. 누구도 만나고 의사소통도 하고 과거 살았던 곳도 가고 때로는 부모님도 만나고 하늘도 날아다니고 하다가 깨어나면 꿈이었다.

이런 것들은 이 세상 누구도 해설을 못하는 미스터리한 일로서 의문에 의문의 신의 세계라고 어느 정도 믿는 것이다.

그렇다면 무속인들의 말을 전적으로 믿을 수도 없고 전면 부인할 수도 없지 않은가?

내 마음이 강하면 신은 없다. 그러나 약해지면 신을 믿게 된다.

❏ 그 사람

칠보 : 이수영

나에게는 그 누구에게도 말 못 할
그리움의 그 사람이 항상 함께 하고 있습니다.
황혼 길에 만난 그 사람이기에
더욱 그리움에 차 있습니다.
비 오는 날이면 더더욱 보고 싶고
해가 지는 노을을 바라보면 더더욱
생각나는 그런 사람이 나에게는 있습니다
히든 훌라워인 그 사람
지금도 내 마음은 변하지 않고 떠오르기만….
잊으려 생각도 해보지만
그리운 얼굴….
아니.
내생의 성화가 꺼지는 날
그때는 잊어지겠지

2024. 8. 28.
저녁노을 바라보면서.

☐ 결혼 50주년 금혼식 일

나는 30세인 1975. 1. 26 충남 예산 제일예식장에서 결혼식을 올린 지 올해 (2025년)로써 반세기인 50주년 "금혼식"을 맞이했다.

아내의 희생정신과 사랑으로 함께 살아온 그 세월 속에 오늘에 금혼식을 맞이하니…. 때로는 어려움에 처해 함께한 그 고통 속에서 사느냐, 못 사느냐? 다투어 가며 그래

한남대 지역개발대학 수료

도 희·로·애·락 속에서 많은 역경을 이기고 지금까지 달려온 인생길 80년사 특히, 나의 50초반에 갑작스런 실직사태에는 좋지 않은 생각도 느끼게 했던 그 시절 그때 두 아들의 천진한 얼굴을 보면서 (고, 대학생) 다시 살아야 한다는 굳은 마음으로 법정 다툼으로 승소하여 복직….

그 후 또 하나의 불행은 아내에게 폐암의 병마가 찾아오니 운명의 가혹함은 떠나지 않는 듯….

그래도 가족의 사랑이 있었기에 참고 견디어 오늘에 이르렀다.

　나는 이제 80 인생에서 두 아들과 착한 두 며느리 손자, 손녀 등 직계 손 8명의 축복을 받으며 오늘 결혼 50주년과 팔순의 촛불을 밝혔다.

2025. 1. 26

🔲 사돈관계

옛날에는 즉, 내가 어렸을 때 들은 이야기는 '사돈'지간은 참으로 어려운 사이라고 했다. 그러나 요즘 시대에는 그렇지 않다고 본다.

특히, 나는 큰 사돈과 친하게 잘 지내고 있으며 나이도 같아 그저 친구처럼 자주 만나 서로 대화하고 식사도 함께 하면서 허물없이 지내고 있다. 시국에 관한 것도 얘기하면서 자식들과 손자, 손녀 얘기는 덜하고 다른 화제로 이어가면서 술자리를 자주 나누는데 사돈(이을구)은 81세이고 나는 80세이다. 서로가 잘 맞아서 이해와 배려도 하면서 어느 때는 2차도 가서 만취할 때도 있었다. 이런 시간이 이제 얼마나 지속할지는…. 우리 모두 80이 넘었으니….

사돈과 저자

내 인생의 속도

칠보 이수영 자전적 에세이

4장
천둥, 번개, 소낙비 후에는 반드시 무지개 뜬다

이제는 말할 수 있기에
남기고 싶은 이야기는 생의 그 순간순간이
운명적이다.

손자 민준 첫 돌

☐ "삶"의 여행 종착역에 가까이 오니!

나는 이 세상에 사나이로 태어났으나 혁명도 개혁의 선봉자도 아니었고 또한 아부와 간신 짓을 못하여 출세를 하지 못하였으나 참되고 진실하게 살아온 것만은 사실이라고 자부한다.

한편 "출세"와 "부"를 누리는 것은 타고난 운명이려니 하는 생각으로 알고 이제는 내 인생 80을 맞이하니 지난 세월 속에 일들이 파릇파릇 새싹처럼 떠오른다.

내 인생에 그렇게도 모진 비, 바람 쳤던 세월 속에서도 역경을 딛고 지금까지 걸어온 지난 세월, 팔순을 맞은 오늘 그 푸르름의 시간도 모른 채 토끼처럼 지나간 나의 청춘 시절 이제 나는 황혼 속의 지금 오늘 이 시간에 달리는 열차를 타고 들판을 쳐다보니 내 눈앞에는 황금물결과 주렁주렁 매달린 사과와 감 등등 너무 풍요로움은 바로 앞에 보이는데….

조금 있으면 매섭고 추운 찬바람이 불어오겠지.

그때가 되면 나도 다음 정거장에서 내려야 할 시간이….

아니 인생의 종착역에 도달하겠지.

이것이 인생길의 마지막 여행이 될지도….

2024. 가을

☐ 황혼에 가는 봄

글: 칠보, 이수영

봄처녀 사라지고
봄꽃들이 만개하니
가랑비 부슬부슬
꽃잎을 적시는데
가는 봄 노랫소리에
따뜻한 햇살 비추니
꽃잎이 떨어지니
푸른 잎은 솟아오르고
황혼에 인생길은
화장터 앞에 다다르네.

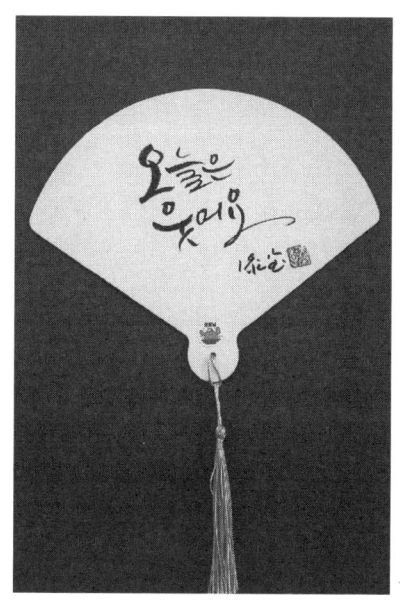

◻ 사람과 사람들

이 세상 우리는 사람들 속에서 살아간다. 그중에서 나를 진심으로 생각해 주는 "사람"을 만나기에는 그리 쉬운 일이 아니다.
그저 나를 필요로 하는 사람들은 많은데
그들 모두 나를 이용하여 자기 이익을 추구하려는 사람들뿐이다.
특히 정치인들과 ㅇㅇ자들….
사람이란 진솔하고 나에게 이해와 양보로써 가슴속에서 우러나는 애정어린 마음으로
나를 도와주며 실존적 이익을 얻게 하는 사람이 나에 바로 진정한 인간적인 참사람이다.

◻ 불확실한 노년의 "삶" 생활 대책

-행복한 노년을 위한 마음은-

노인이라고 해서 무턱대고 정부에만 의존하고 기대면서 여생을 살아갈 수는 없다.
현시대 돈 없는 노인들은 그저 정부에서 주는 기초연금과 노인 일자리 등등을 구하여 살아가는 노인들이 많다.
이 중에서도 생활보호대상자로 지정되면 의료혜택 등등 복지가 주어지지만, 현재의 복지제도의 모순과 장, 단점도 있다.
이로인해 일할 수 있는 60대도 생보대상자가 되면 일하지 않는다.
이 혜택이 일하고 버는 것보다도 낫다는 것이다

노년이 되면 돈이 더 많이 필요하다. 돈 없으면 서럽고 활동할 수가 없다. 노년의 사용 경제는 대단한 위력과 영향력 생명력을 갖고 있다.

경제를 젊은 시절부터 귀중함을 알아야 한다.

사실상 많은 돈을 모으기란 그리 쉬운 일은 아니다.

재물운도 따라야 한다.

지금의 부호들은 거의 조상으로부터 물려받은 유산과, 땅과 건물의 부동산으로 시세차액, 투기, 아니면 주식투자, 복권당첨. 그도 아니면 사업이 잘되어 떼돈 수입, 투자에 투자에 심지어 고위 공직자들은 검은돈 부정 축재 등등으로 많은 재산을 형성할 수는 있으나 대다수는 그냥 모두가 근면성실하여 소액부자일 뿐 '소부유근, 대부유천'이란 말이 문득 떠오른다.

이러한 현실 속에서도 올해 2024년도 의사들의 연봉 4억도 있다 한다. 알바 시급은 만원도 안 되며 9급 공무원 초임의 연봉은 3천만 원도 안 된다.

국가복지정책 전면 재수정하고 젊은이들은 노후생활을 준비하는 마음의 자세를 30대부터 가져야 한다.

2018년 11월 9일 금요일

팔순에 쓰는 편지

인생의 황혼기에 유서를 써두는 것은 웰다잉(well-dying)의 하나의 방법이다.

유서란 후손에게 남기고 싶은 말을 사심과 진실로 있는 그대로 쓰므로 정신이 맑을 때 써 놓아야 한다.

사람이 팔순이 넘으면 무기력해지고 병마로 시달리다가 누구나 모두 죽음에 이른다. 지금은 100세 시대라고는 하지만 사실상 대다수가 80이 넘으면 정신이 흐려지고 몸이 아파오고 이 세상을 하직할 날만 기다리는 듯한 것이 우리네 노년의 인생살이다.

유서는 내가 태어나서 죽음에 이르기까지의 고난과 시련의 연속, 그러나 행복의 시속에서 살아온 세월을 회상하면서 이제는 얼마 남지 않은 세월을 인식하고 인정하면서 후손에게 하고 싶은 말을 남겨야 한다.

잘못되어 감작스럽게 생을 마감하면 후손들은 평소 자주 한 말을 유언이라고 할 수도 있지만. 그것보다는 글로 남김으로서 먼 훗날 후손들이 생각을 자아내게 할 수 있다.

이수영 명예기자

특히 유서에는 내가 싫어온 생활 역경과 후손에게 전하는 희망적인 도움을 끼리고 재산이 있어 법적효력을 갖도록 하자면 유언자의 주소, 일자, 성명, 내용, 도장날인 등을 정연하고 세심하게 나열하여야 효력이 발생하고 확실한 것은 공증을 받아 놓는다면 후 자손들이 재산으로 인한 법적 분쟁을 막는 데 큰 도움이 된다.

나는 비록 세상을 떠나지라도 사후에 자손들로부터 오래오래 기억되고 존경받을 수 있도록 해야 하기 때문이다.

2019년 4월 12일 금요일　　중도일보

노인복지 지자체 우선사업으로

노인인구는 늘어나는 반면 노인복지는 세계 최하위권이 우리나라. 이제 노인복지는 정부 보다 지방자치단체에서 작은 것부터 하나하나 해결해 나가야 한다.

노인들의 최대 행복인 일자리를 제공해 주는 대책과 아울러, 작은 복지가 주는 시매품과 시도에서 실시하고 있는 노인운전면허 반납에 대한 혜택 등 이런 것들이 하나나 이제는 지자체가 해결해야할 시급한 문제들이다.

실질적 몸으로 체감할 수 있는 혜택, 경제적으로 어려운 노인들을 돌본이거나 70세 이상 어르신들에게는 독감이 무료로 공유할 수 있는 도움을 줘야 한다는 여론이다. 이런 것을 하나하나가 진정한 어르신들의 복지 향상으로 작은 행복을 느끼게 살아가는 것이다.

요즘 어르신들이 요구는 건강보다도 경제가 제일 먼저라고 부르짖는다.

어르신들의 경제는 앞으로 점점 갈수록 심각해진다.

축지 못해 살아가는 인생 말년의 생애에서 기본 소득이 없는 어르신들은 그저 누군가서 주는 기초연금과 품앗이자리로 근근이 살아가는 어르신들의 싫은 따돌려 기만하다.

특히 지나고치면 어르는 물가와 상대적 빈곤감으로 허탈하기에 극단의 선택을 하는 노인들이 자살을 세계 1위라는 오명을 쓰고 있다.

이러한 현실을 감안할 때 정부와 지자체에서는 어르신들이 복지 대책을 다양하게 마련해야 한다. 어르신 마을 경로당의 이름도 어르신놀이방으로 개정한다든지 시설을 많이 보강해 일상생활 할 수 있는 편의 제공 장소로 탈바꿈시켜야 한다.

이제 얼마 남지 않은 생이 즐거워서 활동이 끄떡끄떡하시는 이들엠정에서 작은 행복을 누리고 싶다가 하지 자 세상으로 갈수 있도록 해 주었으면 어르신들의 목소리를 경청해야 한다.

이수영 명예기자

중도일보

2021년 4월 2일 금요일

일하며 즐기는 행복한 노년

유성복지관 일자리사업 발대식
12개 단위사업 455명 노인 참여

대전 유성구노인복지관(관장 류재홍)은 지난달 26일 복지관에서 노인 일자리 사업 발대식을 비대면 온라인으로 열고, 본격적인 활동에 들어갔다. (사진)

이번 노인일자리는 사회활동지원 사업으로 공익형·사회형·사회서비스형 등 3개 유형으로 12개 단위사업으로 구성돼 455명의 노인들이 참여한다. 노인일자리 사업은 어르신들이 노후생활 보장과 소득창출의 기회를 제공함으로써 나눔과 봉사의 실천으로 지역사회의 복지증진에도 큰 몫을 하고 있다.

이날 발대식에서 류재홍 관장은 "근로등재에 있는 건강한 어르신들이 참여함으로써 건강유지와 함께 경제적 소득은 물론, 봉사정신으로 지역사회에 헌신하고 있다"고 말했다.

영상에 유성구청장도 인사말을 통해 "모든 것이 비대면이지만 희망이 샘솟고 이에 온정이 넘치는 희망의 일자리가 되길 바라며 즐기는 구민 삶이 될 수 있도록 구정을 펼치겠다"고 강조했다.

이수영 명예기자

☐ 젊은 세대들이 꼭 알아야 할 이야기

-평범한 이야기 그러나 읽고 또 읽으면 감명 깊은 사연 속에 깊게 다시 한 번 생각하고 상기하라는 마음에서 -

○ 첫 번째 스토리

몇 년 전 미국에서 있었던 사실 이야기입니다.

미국의 한 농인이 자기가 기르던 강아지에게 우리 돈으로 1,560억 원을 유산으로 물려주었습니다.

그리고는 강아지를 돌보라고 부탁한 사육사에게는 1년에 5만 불씩 주겠다고 유언을 했습니다.

그 강아지가 죽은 후에는 유산 1,560억 중 남은 돈은 동물보호단체에 기증하도록 유언을 하고 세상을 떠났습니다.

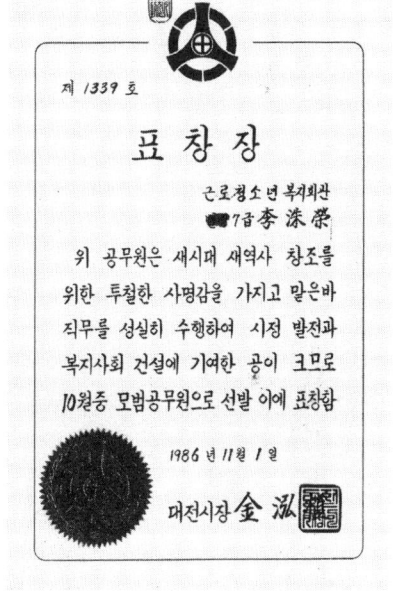

그리고는 자신의 외동아들에게는 100만 불만 주라고 유언했습니다.

100만 불(우리 돈 10억 이상)

그러자 아들은 너무나 분을 참지 못하면서 "도대체 내가 어떻게 개만도 못합니까? 이게 말이 됩니까? 하고 판사님 정말 억울합니다. 바로 잡아주세요."라고 하면서 변호사를 통해 소송을 제기했습니다.

그 젊은이에게 판사가 묻습니다.

"젊은이는 1년에 몇 번이나 아버지를 찾아뵈었는가? 돌아가시기 전 아버지가 즐겨 드신 음식을 아는가? 전화는 며칠 만에 한 번씩 했는가?"

그러자 아들은 대답했습니다.

"입이 있어도 할 말이 없습니다."

"아버님 생신은 언제인가?"

아버지, 생신 날짜 모르는 아들은 더 할 말이 없습니다.

그러자 그때 판사가 아버지가 돌아가시기 전에 찍어놓은 비디오를 틉니다. '내 재산 1,560억 원을 내가 사랑하는 함께한 강아지에게 물려주고 사육사에게는 매년 5천만 원씩 주고 내 아들에게는 100만 불만 유산으로 물려줍니다.'라는 내용이었다. '그러나 만약 혹은 내 아들이 이에 대해 불평을 하거든 아들에게는 1
불만 물려주세요.' 그리고 그 판사는 '아들에는 1불만 상속한다.'라고 판결을 내렸습니다. 이 이야기는 실화라고 합니다.

얼마나 노부모의 가슴에 한이 맺히게 하고 부모를 섭섭하게 했으면….

요즈음 젊은이들 길이길이 생각해 볼 일입니다.

-옮긴글-

○ 두 번째 이야기

퇴근길 중년 여성이 전동차 의자에 앉아있었다.

창밖의 노을을 보며 가고 있는데 다음 정거장에서 한 여인이 올라왔다.

이 여인은 큰소리로 투덜대며 그녀의 옆자리 좁은 공간에 앉으면서 막무가내로 밀어붙이고 들고 있는 가방과 짐을 올려놓아 곁에 앉은 그녀의 무릎 위까지 올려놓았다.

그녀가 처한 곤경을 보다 못한 맞은편에 앉은 사람이 그녀에게 말했다.

"왜 여인의 무례한 행동에 아무런 항의도 하지 않고 그대로 앉아있어요?"

그러자 그 여인은 미소를 지으며 말하기를….

"사소한 일에 화를 내거나 언쟁을 할 필요가 없지요. 우리가 지금처럼 함께 여행하는 시간은 너무나 짧으니까요. 나는 다음 정거장에서 내리거든요."

이 시간도 무의미한 논쟁으로 우리의 삶을 허비할 이유가 있나요?

우리네 인간사는 짧은 인생 여정인데도 서로를 용서하지 않고 시간과 에너지를 낭비하고 있으니까요.

우리는 모두 다음 정거장에서 내려야 할지 모르는데, 조금만 참으면 즐거운 여행으로 다 다음 정거장에서 내릴 때가 오겠지요.

❏ 전국문화원연합회 대전시지회 사무처장

나는 공직으로 복직하기 전 1여년 동안 전국문화원연합회 대전시지회 사무처장으로 근무했다.

대전에는 5개 문화원을 총괄하는 연합회가 있다. 여기에서는 문화사업 이외에도 각종 전래사업을 발주 지원하는 업무였는데, 그때는 대전시 관광지를 소개하는 문화해설사 사업도 우리 연합회에서 관리하였다.

또한 내가 근무하면서 처음 시작한 사업이 정월대보름축제이다. 맨 처음 서구를 시작으로 시작된 것이 지금도 시행하고 있다.

☐ 선거부정감시단

나는 국회의원선거, 대통령선거, 지방단체장선거 등 3번에 걸쳐 선거부정감시단으로 활약하였다.

제일 애로사항은 숨은 부정을 발굴해내는 것이다. 이는 참으로 어려웠다. 내부의 제보가 없으면 아무리 선거부정감시단의 맹활약도 어려움이 있다는 것을 말하고 싶다.

☐ 대전시내버스 공동관리위원회 전무이사

나는 2001년부터 약 2년여 동안 대전시내버스 운송사업조합 전무이사로 근무했다. 그때에는 총 14개 회사와 980여대의 시내버스가 운행할 때이다. 조합이사장은 서모씨로 훌륭한 분이셨다. 그때 나의 보람과 실석을 여기 나열하지 않을 수가 없다.

첫째로는 지금 시행하고 있는 시내버스교통카드제도이다. 당시는 종이로 된 승차권과 현금으로만 승차를 해야 했다. 전국적인 현상이기는 하나 우리 대전에서도 카드를 도입하기로 대전시와 협의하고 본격적으로 준비를 하였다. 일부 버스회사에서는 반대의 목소리도 나왔다. 그저 현금이 좋다는 목소리다.

그러나 전국적인 추세에 맞추어 우리 대전시에서도 적극 추진하여 충청하나은행과 우리 조합과 서울에 있는 비자캐쉬회사와 협약하여 지금의 교통카드를 시작하여 발전

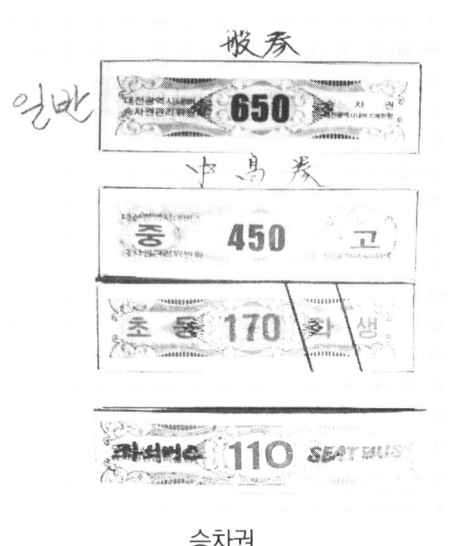

승차권

하기에 이르렀다.

두 번째로는 시내버스정류장의 무개승강장을 유개승강장으로 설치하는 사업이었다. (현재 2013년 기준 1,500여 승강장만 유개 7%)

세번째로는 시내버스의 환승제도이다. 긴 노선을 짧게 나누어 갈아타도록 하는 것인데 요금은 한번 타면 세 번까지는 무료이다. 그때는 반대여론도 만만치 않았다. 그 이유는 노인들은 한번 타고 가야지, 갈아타려면 귀찮다는 것이다. 짐도 있고 해서 여러 가지 불편하다고 아우성이었다. 중구 산골동네 주민과 동구 추동 등등의 시골주민의 반발로 주민설득설명회 등으로 애를 먹기도 했으나 그래도 행정력으로 추진하여 시행하였다.

다음은 시내버스 옥외광고물 사업인데 나는 전국연합회와 교통부에 다니면서 시내버스 옥외광고물 부착사업을 추진하여 왔다. 그해

염시장과 시내버스 순회(저자 가운데) 버스조합 전무 당시

모든 법령이 통과되어 우리도 6개 업체가 공개 경쟁하여 어느 한 업체가 12억의 많은 돈으로 낙찰되어 최초 2년간을 계약한 바 있다.

이렇듯 지금 생각해보니 나는 시내버스 운송사에 조합전무로 근무할 당시 많은 일을 하였다고 자부한다. 특히 시내버스의 선진화 사업과 대중교통의 중요성과 시민의 편의종사원의 복지에 관하여 노력하여왔고, 앞으로 준공영제에 대하여도 기본 작업에 들어갔다. 그러던 중 그해 12월 염홍철 대전광역시장을 내가 직접 만나 내년 1월 1일자로 복직시켜주겠다는 확답을 받아 전무이사를 그만두었다. 기어이 명예를 찾기 위해 복직을 결심하고 조합을 그만두고 기다리고 있는데, 다음해 1월이 다 가고 2월이 다 가도 발령을 내지 않아 알아보니 시장까지 결재가 다 되었는데 총무국장이 서류를 갖고 발령장을 주지 않고 갖고 있다가 내가 자꾸 재촉하니 2개월 후인 3월 2일자로 발령을 받았다. 겨우 1년여 남짓 근무하고 또 정년퇴임한 지 오래다.

염시장과 시내버스 점검(저자 왼쪽)

지금도 생각해보니 그때 왜 1월 1일자로 발령을 하지 않고 2개월동안이나 미루고 안 했는지 당시의 김모 총무국장의 마음을 나는 지금도 모른다. 왜 그랬을까? 그 이유를? 나는 그때 당시 모 총무국장을 내 평생 지켜보고 있다.

☐ 최초 여성 대통령 박근혜

우리나라 제18대 최초 여성 대통령인 박근혜는 제3공화국부터 18년간 역임한 박정희 대통령의 장녀이다.

나는 박대통령은 근대사의 영웅이라고 말하고 싶다. 그런데 영애인 딸이 대통령을 하면서 아버지의 업적을….

박정희 대통령 5.16 군사혁명으로 대통령이 되어 유신헌법 등 나 개인적인 생각으로는 약간의 독재적인 정치를 하여 오늘날 이렇듯 발전할 수 있는 것만은 사실이라 생각. 외국자본투자유치로 농어촌 보릿고개를 완전해결 쌀밥을 먹게 해 주셨으며 아울러 산업화를 발전 박대통령의 업적은 우리 후손들이 잘 알려야 한다.

그런데 영부인 육영수 여사가 1974.8.15. 광복절 기념식 단상에서 북한의 문세광이 쏜 총탄에 맞아 서거 그 뒤를 이어 장녀인 박근혜가 대통령인 아버지를 따라다니면서 정치를 배웠으나 사실상 박근혜는 영애로 살면서….

그 후 아버지 박정희 대통령마저 중앙정보부장(김재규)의 총탄에 맞아 쓰러지니 가족은 청와대를 나와 살다가 1998년 대구에서 정계에 입문 국회의원을 거쳐 당대표로 정치 생활, 드디어 우리나라 최초의 여성 대통령으로 탄생되었다.

대통령의 임기는 5년 그런데 1년여 남겨놓고 탄핵을 당하였으니 이때 서민들의 경제는 토탄에 빠지고 허덕이는 국민들 김대중, 김영삼 정부의 I.M.F시절보다도 더 어렵다는 국민들의 목소리….

일자리는 없고 물가는 치솟고 국가부채와 가계부채는 늘어만 가고 이 모든 것으로 인해 탄핵 당한 후 18가지 죄목으로 수감된 지 오늘 현재 (2018.2.27.) 총 317일간 증인133명 100회의 재판이 열려 서울중앙지법 417호 법정에서 열리는데 법정에 불참하여 궐석재판으로 드디어 징역 30년과 벌금 1천185억이 구형되었다.

이제 남은 것은 제1차 선고, 2018.4.6(금) 선고하는 날.

이날 오후 2시부터 박근혜 전 대통령의 1심 선고공판이 진행,

사상 처음으로 전국에 TV 생중계 방송되었다.

18대 대통령 18개 죄명으로 16개가 유죄로 인정.

징역 24년 벌금 180억이 선고되었다.

이제 2심 재판은 어떻게 될 것인지, 항소를 포기하였으나 검찰에서 항소하였으니 2심은 다시 열리는 것.

이제 2심을 기다려 보아야 할 일.

2023년 사면, 자연인으로 돌아옴.

1974.8.15. 육영수 여사(박정희 대통령 부인) 광복절 기념식장에서 문세광이 쏜 총탄에 맞아 쓰러졌다(인용).

칼럼 - 수요아침에

새 희망을 담을 '새벽닭'

병신년 올해도 며칠 안 남았다. 최근 어수선한 시국을 보면, 올해가 어서 빨리 지나고 새벽닭이 우는 정유년을 간절히 기다리는 마음뿐이다.

예년 같으면 지금쯤 불우이웃 돕기 '온도탑'이 쑥쑥 올라가고 있을 때인데 금년은 올라가지 않는다고 한다.

더욱이 연말연시 경기가 침체돼 국민 모두가 울상이라고 하니, 안타깝기 그지없다.

이 수 영
전. 중도일보 시민기자 이 수 영
전. 대전광역시청 공보실 사무관

특히 최근 최순실 비선실세의 국정농단으로 국민들이 매주 토요일 서울광화문 광장과 대도시에서 촛불과 횃불 시위를 이어가고 있는 가운데 AI로 닭과 오리 등 2천만마리가 살처분 돼 축사 농가는 죽을상이다. 심지어 달걀을 수입해야 한다는 말까지 나오고 있으니 농가의 심경이야 말해 무엇하겠는가?

이렇듯 정치적 혼란과 민생경제의 어려움으로 인심마저 안 좋으니 이는 원숭이해의 재주 때문일까?

최순실 없는 맹탕청문회를 보는 국민들의 마음은 답답하기 그지없다. 이번 청문회가 국민들에게 남긴 것을 무엇인가? 물론 몇 가지 소득도 있었지만, 국민들의 갈증을 풀어주기에는 턱없이 모자란다.

그런가 하면 일부의원의 위증교사 의혹과 근엄하고 신성해야 할 청문회장에서 웃음 띠는 모습도 참으로 국민들을 허탈하게 만든다.

또한 핵심을 찌르지 못한 심문과 엉뚱한 대답은 국민들을 더욱 답답하게 만들었고, 생전 들어보지도 못한 '보안손님'과 '법꾸라지' 등 생소한 용어는 국민의 공분을 샀다.

이제 모든 것은 특검에서 밝혀야할 몫으로 남겨졌다. 어린 청소년들이 무엇을 보고 희망을 갖고 살아가겠는가? 빨리 국정을 안정시켜야 한다. 누군가의 괴변처럼 순수한 마음으로 모든 행동을 하면 죄가 되지 않는 것인가? 그렇지 않다. 배고파 순수한 마음으로 빵 한 개를 훔쳐 먹은 장발장도 감옥에 갔다. 죄가 없다는 듯이 기자들에게 눈길을 쏘아붙이는 갑질의 대표주자로 손꼽히는 '우', 그리고 모르쇠로 일관하는 '최'를 보는 국민의 마음은 심히 타들어간다. 법의 허점을 잘 이용하는 인사들, 법망을 교묘하게 빠져 나가려는 그들은 과거에 법무장관, 검사 등 3관왕 이상을 지낸 사람들이다. 애매모호한 대답으로 현실을 피해나가는 언어기법으로는 한층 더 높아진 국민 감시망을 절대 피해갈 수 없다. 왜 그걸 모르는가.

우리나라가 해방된 이후 역대 대통령들의 슬픈 역사가 이어지고 있다. 진실되고 참된 국가와 민족, 특히 서민을 위한 지도자는 진정 없는 것인가? 우리나라 5천만의 영도자는 어떤 마음을 가진 사람이어야 하나? 박근혜 대통령의 이번 사태를 지켜보는 5천만 국민의 가슴속에는 무슨 마음을 품고 있을까 심히 궁금해진다.

이번 최순실 비선실세의 국정농단 사태는 참으로 어이없는 일이다. 소위 빽(?)없는 사람도 정정당당한 실력으로 살아가는 시대가 열리기를 모든 국민은 바라고 있다. 그리고 이를 위해 수십 년간 국민 모두가 힘써왔는데 하루아침에 허무하게 공든 탑이 무너졌다.

또한 이번 박근혜 대통령의 사태에 대해서 집권 여당은 어떤 형태로든 분명 책임지는 모습을 보여야한다. 야당 또한 어느 한 사건에 매달리지 말고, 진정 대다수의 국민을 위한 것이 무엇인가를 파악하여 서민을 위한 정치를 해주길 바란다. 반대를 위한 반대를 일삼지 말고, 굽은 나무가 선산을 지키듯 국민에게 힘이 되는 야당으로 천천히 나가면 반듯이 다가오는 정유년에는 '새벽닭의 울음소리에 국민이 깨어나는 시대'가 올 것으로 생각한다. 현 세태가 어렵고, 내 맘 같지 않아도 연말연시 추위에 떠는 서민들을 위해 연탄 한 장, 쌀 한 되, 라면 1봉지라도 따뜻한 마음으로 전달해 주는 진심어린 훈훈한 마음으로 정유년의 새해를 맞이했으면 한다. 이런 마음이 하나둘 모인다면, 혼란스러운 최근의 상황도 점점 나아지지 않을까 생각한다. 과거 어려운 시절에 우리가 그래왔듯이….

☐ 병든 아내와 죽은 아내

-혼자 지내는 것과 홀로 사는 것-

홀로 산다는 것과 혼자 지낸다는 것, 두 가지 모두 좋은 것만은 아니다. 그러나 인생사 살아보면 부부란 잠시 떨어져 있을 수도 있고 아니면 작별에 의해 슬픔으로 살아갈 수도….

나는 지금 40여 년 전 일이 생각나서 이 펜을 들었다.

지금은 고인이 되었지만 그때 같이 근무하던 한 선배가 항상 나에게 죽은 아내와 병든 아내 중 그래도 병든 아내는 내 곁에 있어 훨씬 낫다고 하면서 병든 아내의 수발을 3여 년째 한다고 했다. 집에서 병원으로 병원에서 집으로 그 선배는 나와 자주 술자리를 같이 했는데 술만 마시면 울면서 말하는 울보였다.

해외여행 시(홍콩)

추운 겨울 1월 달에 수박이 먹고 싶다하여 서울청과시장으로 수박 사러 다니던 일, 사 오면 잘 먹지도 않고 또 다른 과일 투덜대며 신경쇠약으로 누구에게도 말 못하는 그 어려움을 나와는 곧잘 서슴없이 주고받으면서 지나온 과거.

나는 그때 그 선배의 말을 지금 다시 떠올려 생각하며, 지금 내가 병든 아내를 물끄러미 바라보니 눈시울이…. 암 투병생활….

옆에서 간호하는 보호자의 심정을 아무도 모른다. 오직 겪어본 사람만이 알 수 있다.

투병 중 폐렴발생으로 119 구급차로 대학병원 응급실행.

응급실 가면 중환자실로, 중환자실에서는 선망증세까지….

의사는, 임종할 수도 있다는 말을 서슴없이 몇 번씩하고 참으로 암담했던 때….

그래도 다행히 잘 견디어 몇 달 치료 후 집으로 오니 조금 덜 한가하더니, 코로나에 걸려 다시 병원행.

격리 입원한 채 홀로 두고, 나는 충대 응급실 문을 나섰다.

2022. 7. 12. 20:30

▢ 핏줄

우리나라는 옛부터 핏줄을 중요시해 왔다.

아들 낳기 위해 딸을 여섯 아니 일곱 명을 낳고도 기어이 끝내는 막내아들을 하나 얻는 가정이 많았다.

그러나 지금은 시대가 변하여 딸 아들 구별이 없다. 오히려 딸을 더 좋아하고 어차피 제사 지내는 봉건주의 사상도 아니다.

가부장제와 호주제도 폐지되었고 이제는 주민등록뿐 가족관계 증명뿐이다.

부모가 떠나고 없으면 형제 자매도 나 몰라라 하는 현세대, 특히 형제 자매지간의 이해관계가 얽혀 원수처럼 지내는 가정도 상상외로 많다. 그러나.

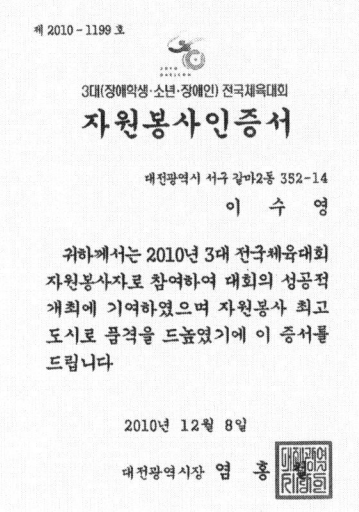

그래도 핏줄을 나눈 형제자매가 아닌가?

모든 것을 다 용서하고 이해하여야 하는데 그렇지 못하다.

한때 격한 감정이 있었어도 이제는 그 용서 못 하는 것을, 용서와 이해를 하는 것이 오직 핏줄이기에 용서하여야 한다.

☐ 내가 본 어느 여학교 선생님들의 표정

내가 이 글을 쓰는 이유는…?

나는 어느 여학교(사립고교)에 배움터지킴이로 8여 년간을 자원봉사활동을 하면서 교사 100여 명에 대해 느낀 점을 이제는 말할 수 있다.

나는 2009년부터 2016년까지 어언 8여 년간을 여고에서 하루 8시간씩 일주일은 7시부터 오후 3시까지, 일주일은 오후 3시부터 밤 10시까지 근무했었다. 그때 그 학교 선생님들에 대한 나의 느낌을 여기에 나열하고자 한다.

이 글은 오직 나 개인적인 생각일 뿐이라는 것을 서두에 일러둔다.

아마도 지금쯤은 모두 퇴직 또는 이 세상에 없는 분도 있겠지?

1. 밝은 미소가 없고 항상 어둡고 교직원 간에도 친절미가 없다.
2. 인사성이 별로 없고 못 본 체하며 그냥 지나친다.
3. 진실성이 결여되어 있고 형식적인 표현으로 그때그때만 모면하고 피하면 된다는 생각이 가득 차 있다.
4. 제한된 환경 속에서 근무하여 그런지 사회성에 대하여는 전혀 모

르고 친화력이 없고 딱딱한 느낌만 준다.
5. 모든 것을 공유하려는 마음이 없고 내 가슴에 담고 표현하지 않으며 나 혼자 삭히려는 느낌을 준다.
6. 참는 정신과 마음은 강한 편이나 얼굴에는 항상 불만이 가득 찬 표정으로 살아가는 듯하다.
7. 평교사도 교장, 교감 등을 존경하는 마음이 없는 듯하다.

물론 그 이유는 실력과 연공서열이 무시되어 승진하는 사례가 있기에 (사립학교) 그런 것이 아닌가 하는 느낌으로 특히 공립학교와 달리 사립학교의 모순점이라고 어느 교사가 말하기도 했다.

🗅 이별 그리고 작별이라는 것

-헤어진다는 것은 이별인가. 작별인가-

이별과 작별이라는 것. 나는 이렇게 생각하고 이 글을 쓴다.

이별은 계획 없이 그저 어쩔 수 없이 헤어지는 것이므로 능동형으로써 잠시 헤어졌다가 다시 만날 수도 있지만….

작별이란 이미 계획된 것에 의해 결정적이므로 수동형으로써 다시는 만날 수 없는 것 즉 세상을 하직하는 것을 작별이라 할 수 있다.

그러므로 나의 주변에 있는 모든 지인들과의 이별이든 작별이든 참으로 어렵고 슬픈 것만은 사실이다. 그러나 모든 인간들이 이별과 작별을 한다.

특히 어린 시절과 젊은 날에 부모형제와 연인과의 헤어짐은 참으로 힘들고 심지어는 앞날이 막막하지만 노년이 되어 배우자와의 작별에 그 슬픔도 마찬가지이다.

그 어려운 병고로 다년간 시달리면서 머지않아 헤어질 것이라 예측했음에도 불구하고 막상 오늘 영원히 떠나보내니, 그 슬픈 마음은….

슬픔에 눈물은 어떠한 생각에서인지는 아마도 살아남은 자의 앞날의 걱정이 더 커서일까?

떠난 자의 아쉬움에서일까?

이것이 운명이라면 님이시여, 잘… 가시오.

살아있는 나도 머지않아 당신 곁으로 가겠지마는 다시 만날 수 있을지 못 만날지는 이 세상 누구도 모르지만, 먼저 떠난 당신을 마음속 깊이 마음이 아파 눈물로 보냅니다.

부디 천국에 가서는 아프지 말고 행복하기를 간절히 기도하면서….

☐ 생애의 법칙과 운명

인간의 운명과 수명은 아무도 모르는 것이 정상적이다. 기구한 생애, 호화로운 생활 이 모든 것이 개개인에게 닥쳐온 운명이기에 받아들이면서 살아가는 것이 인생사이지만. 사람들의 마음은 잘 살고 싶고 돈도 많고 편하고 부유하게 살아가길 원한다.

그러나 그렇지 못한 것이 현실이다.

신(神)이 있다고 하는데 신은 무엇인가?

참으로 기기묘묘하다고 생각할 수 있다.

수많은 生命(생명) 중에서 수만 가지의 분업으로 직업전선에서 개성과 특성 재주와 기술 등등을 한 사람에 주지 않고 모든 사람마다 골고루 5가지 이내 정도로 주어 세상을 균형있게 만들어가고 있다.

모든 것을 공생으로 살아가도록 한 것은 참으로 소중하다고 본다. 그러나 만물의 영장인 인간들은 늙으면 병마에 시달리다가 죽고 젊은 이는 전쟁으로 사망하고 있으며, 한편으로는 전염병과 사고로 죽어가지만, 이러한 속에서도 신생아는 태어나고 지속적이며 연속적인 현상 인간으로서 도저히 줄 수 있는 탄생과 죽음에 대하여 인간은 평생 죽지 않던가? 아니 천년 500년 이상 산다면 이 지구는 어떻게 될 것인가?

반세기 전만 해도 우리네 사람들은 60~70이면 거의 죽었다.

그러나 현시대에는 의사를 배출하고 좋은 약을 제조하여 사람의 수명을 70, 80 이상으로 연장시켰다.

그렇다면 앞으로는 과연 인간의 수명을 100세까지 건강하게 일하면서 살아가는 시대가 도래할 것인가?

☐ 후세에게

- 80인생사에서 내가 겪은 것 중 이런 말을 남긴다!
- 머뭇거리는 그 순간도 가장 아름답다고 할 수도 있다.
- 자기주장만을 내세우는 것은 용기(勇氣)가 아니라 객기를 뿌리는 것이라고
- 모든 지도자들의 치적과 오점 등등은 편향 또는 왜곡하지 말고 사실 그대로를 직시하여 기록, 유지로 그 역사성은 후대가 판단할 수 있도록 해야 한다.
- 긴 세월을 살다보면 선택의 순간이 찾아온다. 순간의 선택 미래의 인생으로
- 죽음이냐? 살아남을 것이냐? 에서는 결정의….

- 바른말을 잘하는 자는 죽음을 당하지만 아부와 아첨으로 살살이 간신 짓을 하면 죽이지 않는다.
- 情은 마음이 아니라 소소한 물질이 오고 가는데도 효과가 있다.
- 상대가 어려움에 처하면 반드시 물질적으로 도와주어라.
- 그리하면 그는 平生 잊지 않고 꼭 갚으려 한다.
- 뇌물이 아니라 평소 그가 좋아하는 소소한 물건을 선물하면 가까워지며 식사를 함께하고 값은 가급적 먼저 지불해라.
- 주변 사람들에게 서운하게 하지마라. 당한 사람은 작은 서운함도 평생을 잊지 못할 수도 있다. 심하면 그에 대한 복수심을 갖을 수도 있다.
- 내가 지금한 행동이 40, 50년 후에도 밝혀질 수도 있다는 것을 늘

생각하면서 행동하라.
- 말로만 푸짐하게 제사 지내면 내일 아침에 먹을 것이 없다.

☐ 부모와 아들, 딸 그리고 며느리와 사위

부모에게는 이 세상 천지에 자식보다 귀한 것은 없다.
그러나 자식들은 부모를…. 나는 문득 옛말이 생각난다.
"제일 듣기 좋은 소리는 자식 밥 잘 먹는 소리와 마른가리논(천수답) 물들어가는 소리라고."

◎ 어느 노부부의 이야기

1. APT 그것도 한 라인에서 부모는 5층 자식은 10층에 거주하는데 어느 여름날 부모에게는 말 한마디도 없이 4박 5일간의 휴가 여행을 떠난 아들, 며느리, 손주들…. 부모의 심정은?
2. 몇 달이 지나고 해가 바뀌어도 시부모에게 안부전화 한 번 안 하는 며느리와 장인 장모에게 안부 전화 안 하는 사위….
3. 명절 때면 그것도 마지못해 아들은 부모님 댁으로 며느리는 친정집으로 각각 명절 쇠러 가던지 그것도 아니면 해외여행 또는 국내여행 떠나고 심지어는 직장인 며느리는 남의 대직이라도 하여 명절날 일직이라고 말하는 며느리들이 있다한다.
4. 시부모가 어쩌다가 말실수를 하면 이해는커녕 "어머님 저는 며느리예요. 예의 좀 갖추세요."라고 말하는 젊은 며느리들이 있다.

노인들이여! 지금 이러한 세상을 살아가고 있다.
그러나 젊은 청년과 자식들에게 공을 들여라.
우리는 力(힘)이 없으니까!

▢ 고향의 옛 동창생과 벗님네들

내 또래들….

내 나이 이제 80이 되었으니 모든 꿈은 접어두고 오늘도 즐거운 마음으로 살아가는 것이 가장 보람되게 살아가는 것….

내 고향 서천, 비인 학교 다니던 동창생들의 모습도 희미한 채 그래도 떠오르는 유년시절의 동창생과 벗님네들….

나는 20살 때부터 공직에 몸을 담아 천원군청을 거쳐 군 제대 후 예산군 오가면사무소 지방 5급을휴(지금의 9급 행정직)으로 시작하였다.

시작할 때만해도 나의 큰 꿈은 미래에 반드시 서천군수를 하겠다고 원대한 꿈을 꾸면서 그때는 지금처럼 선출직이 아니고 임명직인 시대였다.

그러나 나의 공직생활은 굴절과 풍파도 많아 끝내는 겨우 대전시청에서 5급 (사무관)으로 정년퇴임한 지 어언 20여 년.

그러나 지금도 고향땅을 지키는 동창생 아니 도시에서 살다가 귀향한 친우들이 고향땅을 지키고 있다.

자주 만나지는 못하지만 그래도 통신으로는 가끔 연락이 되니 다행이며 80 나이노 못 재우고 먼저 이 세상을 떠난 동창생들도 많다.

그래도 지금까지 나와 같이 걸어가고 있는 고향 친우들 아니 동창생들 그 얼굴을 떠올려 보면서 그 이름을 하나하나 기억해 본다.

신동훈, 유병현, 김정원, 김윤태, 최춘태, 임동택, 김영돈, 이종화, 이선구, 이춘만, 추동인, 추화엽 등등이 지금도 비인땅을 지키고 있다.

이제 나의 마지막 소원이 있다면 나의 두 아들이 큰아들은 행정가로 둘째는 경찰관으로 큰아들은 현. 대전시청, 작은아들은 현, 서울경찰청에 근무하고 있는 바 먼 훗날 내가 이 세상에 없더라도 큰아들은 서천군수 또는 대전구청장으로 둘째는 대전의 경찰서장 아니 서천경찰서장이 되어줄 것을 소망하면서 나는 이제 고향땅인 비인. 칠지사단의 서해바다 물결치는 무인도인 "쌍도"를 바라보는 야산 기슭에 영원히 잠들 것이다.

생존시 조성한 사후 유택지

☐ 5년이란 세월을 더 기대한다

- 우리나라 노인인구 일천만 명과 1인 가구 750만 명 시대 -

나는 공직에서 정년 후 60대부터 지금 80에 이르기까지 노인들의 권익보호에 노력하였고 자원봉사활동을 지속해 왔다.

중도일보의 객원기자, 시민기자, 노인신문명예기자, 코리아뉴스 24 기자로 20여 년간을 활동하면서 주로 노인 복지 문제에 대한 기사를 기술하였다.

노년의 인생길에 대한 생활습성, 국가시책 방향제시와 노인정에 대한 활성화 방안과 그 대책, 노인들을 위한 편의점시설확충문제, 유료 노인정의 신설 방안들을 각 신문과 월간지 등등에 기고하여 왔고, 특히 유료노인정의 활성화 방안으로 경로 웃음센터 설립을 위한 기획을 연구 검토 중에 있다.

여기서 나는 노년의 삶과 생활의 질에 대하여 조사한 바를 수록하기로 한다.

특히 생명선의 바람은 생의 욕심으로 80이나 90, 또는 100세도 그의 답을 모두 한결같이 내가 그저 5년을 더 살아야 한다고 답한다.

왜? 5년이냐고 다시 물으면 자식, 손주 그 애가 잘 되는 것을 보고 눈을 감아야 한다고 말한다.

이것이 부모의 마음인가? 아니면 본인 삶의 애착성인가?

심지어 고령층의 운전면허증 반납도 한 5년은 더 갖고 있겠다고 했다. '왜?'냐고 다시 물으면. 자존심이 상해서 아니면 국가보상금이 너무 적어서(10만 원 교통비로 지급)라고 답했다.

그런데 그중 어떤 한 지인은 나는 80인데 이제 죽어도 어한이 없다고 말하면서 오히려 먼저 간 친구들이 부럽다고 했다.

그래 이제 나도 올해로 80에 이르렀으니 어떤 마음일까?

□ 내 인생 80년사 되돌아보니

- 암울했던 그때(1998~2002) 그 시절을 헤치고 -

나는 지금까지 살아오면서 특별한 기술도 특기도 심지어 취미도 별로 없이 오직 20대부터 외길인생 공직자로서 갖은 어려움과 설움을 겪어가며 오늘에 도달했다.

물론 5급(사무일) 공무원까지는 했지만 그 어려움은 여기에 나열하고 싶지도 않아 쓰지 않으려고 한다.

그런데 맑은 하늘의 날벼락으로 50대 초에 (1998년) 불운이 찾아오니 법정투쟁 6년 동안 이곳저곳 헤매이다가 다행히 승소하여 다시 복직을 하였으나 두 해 지나 바로 이제는 정년이라는 퇴직 앞에….

나는 지금 생각해 보니 암울했던 1998년 공직 도중 날벼락으로 그때 나는 사실상 다른 마음도 먹어 보았으나 아들들이 대학교와 고등학교 다니는 때….

그런데 다행히도 지인들의 도움으로 대전시내버스운송사업조합 전무이사, 문화원연합회 사무처장, 용역회사 관리이사 등등과 정년퇴임 후에는 학교로 눈을 돌려 배움터지킴이 꿈나무지킴이 아동지킴이 등등을 76세까지 일 하였으니….

지금도 잊지 못하는 것은 배고팠던 유년시절 상상조차 하기 싫어 청, 중장년에도 가급적이면 먹어만대니 이제 노년이 되고 보니 당뇨병에 벗을 삼아 약봉지에 음식 조심, 가기 싫은 병원문만 드나드니 인생 80 황혼길에 취미생활도 할 줄 모르고, 운동은 더더욱 싫어하고 지난날을 생각하니 오뚜기처럼 살아온 내 인생에서 어제 오늘은 그저 T.V 앞에만 앉아 있으니 이것이 80 넘은 인생의 삶인가?

▢ 대한민국 역대 대통령들은 무엇을 남기었나?

우리나라는 일제 강점기에서 해방된 후 80여 년간(2025 현재) 1945.8.15. 해방…….

나는 1946.7.17. 이 세상에 태어났으며 지금까지 살아온 어언 80여 년간은 초대 건국 이승만 대통령부터 20대 윤석열 대통령까지 보면서 살아왔다.

이승만 대통령은 장기집권으로 4.19 학생들에 의해 "하야" 후 그다음 과도정부를 거쳐 박정희 군사 5.16으로 끝내 군사정권에서 민간 대통령으로 취임 무려 18여 년간을 국정을 맡아 박정희 공화국시대를 열었다.

특히 집권 초인 1962.6.12. 화폐 개혁을 실시하여 지금까지 원화로 사용하고 있으며 그때 우리나라는 말할 수도 없이 빈곤했다.

미국에서의 무상원조 각 나라에서의 차관으로 살아왔고, 농업에만 의존, 쌀 생산량은 200명당 양식도 겨우 될까 말까 하여 해마다 봄이 되면 겪어야 하는 "보릿고개"라는 말처럼 풀과 나무껍질, 쑥과 보리죽, 밀죽으로 그야말로 연명만 하면서 살아가야만 했던 그 시절.

그때 박정희 대통령은 오직 이 한목숨 나라를 위해 바치겠다는 마음, 경제개발이라는 목표 아래 강한 독재정치를 한 것은 사실인 듯하다.

그때 모든 것을 반대만을 했던 인사들.

특히 경부 고속도로 건설을 반대했던 이른바 민주투사들이라는 사람들을 보면 과연 진정성이 있었나 하는 생각도.

그 시절 3김의 맹활약 끝내 양김은 정상에 올랐으나 한 분은 오르지도 못하고 "꿈꾸는 백마강"으로 이제는 그들 모두 역사 속으로 사라졌으니….

그때 그 시절 박정희는 경제개발 5개년이라는 계획을 몇 번씩 펼치면서 오늘의 황금 기반을 닦아 놓은 것이다.

특히 박 대통령은 국민의 배고픔을 해결하기 위해 다수확품종인 통일벼를 생산케 하였고 외국자본을 유치해서라도 산업을 발전시킨 것이다.

그렇게 하여 오늘날 이러한 선진국 대열에 우뚝서는 경제 대국을 세운 것만은 누구도 부정할 수 없다.

그러나 북한의 김일성은 오직 세습 권력을 위한 독재로써 지금까지 3대(2025)에 걸쳐 북한을 통치하고 있지 않은가?

우리는 박정희 대통령의 기반으로 한강의 기적과 농어촌의 새마을

운동 성공, 국토발전으로 교통망의 현대화 항공의 선진화 이 모두가 박정희 대통령의 18여 년간의 통치 업적으로서 근대사의 영웅적인 대통령으로 나는 표현한다.

☐ 꿈같은 이야기 언젠가는 현실로 올 것이다

기후변화에 따른 세계의 대책.

전 세계는 해수로를 건설해야 한다.

이제 지금부터는 바닷물의 이용계획 청사진을 펼쳐야 한다.

앞으로는 바닷물을 이용하여야 인류가 살아갈 수 있다.

우리나라도 1940년대 아니 1950년대까지만 해도 사실상 4계절과 겨울철에는 3한4온이 뚜렷했었다.

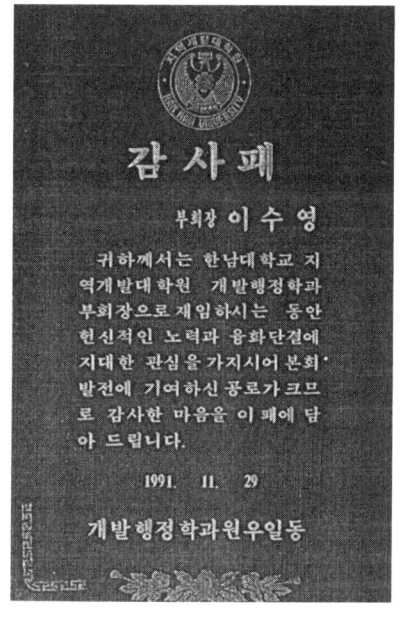

그러나 지금은(2022) 1년 12달 중 6개월 정도가 겨울이라고 느껴진다. 나는 우리나라도 이제는 점점 4계절이 없어진다고 본다.

그러나 굳이 나누어 보자면
- 봄은: 2개월 정도로 (4.5월)
- 여름: 3개월간 (6.7.8월)

- 가을: 1개월 (9월)
- 겨울은: 10월 달부터 익년 3월까지 무려 (6개월)정도가 되어간다.

이러한 변화로 날씨와 태풍, 장마, 한파, 한해가 심하여 10월 달에도 영도 또는 영하의 날씨, 여름에 우박이 오고, 여름은 너무 덥고, 겨울은 너무 춥고, 이에 대한 주거환경 개선 식물의 작황일시, 과일나무의 성장 발육 상태 등등 날씨에 맞는 수종으로 갱신하여야 하며, 지역에 따라 특수작물도 달라져야 하고 조기재배로 단기 수확 겨울잠을 자야 하는 곡식과 식물 채소 등을 변형시켜야 한다.

특히 바닷물을 이용하는 시대가 반드시 도래할 것이다.

물론 일류과학자들은 달나라와 우주탐사 연구도 중요하지만 더 급한 것은 전 세계 인류의 생존이 달린 지구촌의 기후변화 연구가 우선되어야 할 것이다.

내 또래들

팽이치고 자치기하며
볏짚 묶어 공차기하던 내 또래들.
산모퉁이 무덤가에 해지는 줄 모르고 뛰어다니며
나무칼과 화약총으로 병정놀이하던 내 또래들
참새 잡겠다고 작은 돌멩이를 실탄 삼아
고무줄 새총으로 조준하여 쏘아대던
그 어린 시절
지금은, 어디에서 사는지

저세상에 있는지
알 수가 없네
추석날이면 조상님께 성묘 마치고
제일 먼저 봉화산에 올라
메아리치던 그때 그 친우들.
익지 않은 탱자 따다 가시에 찔리면서도
피나는 손가락으로 풋, 밤송이 털어먹으니
달콤했던 그때 그 생 밤맛은
지금도 잊지 못해 그리움 속에서
오늘 새벽꿈을 꾸다 눈을 떠보니
벌써 내 인생도 80에 이르렀도다.

☐ 과거사 공개할 필요는 없는 것 같다

- 알면 병이요 모르면 약이다
- 과거사 고백의 득실은?
- 모든 과거사를 묻어두고 무덤까지 가야 하나?

과거사는 지금 살아가는 우리에게는 매우 중요하다. 그러므로 오늘에 이 행동이 내일은 과거가 된다. 한때의 잘못 생각으로 유년 또는 청년시절, 크고 작은 실수로 인하여 말하지 못할 비사가 있다면 가급적 과거를 고백하지 마라. 과거의 어려움을 극복하고 열심히 노력한 끝에 오늘에 성공한 사람들의 이야기가 좋은 방향으로 보도되었기에 그 보도로 인해 다시 비운으로 살아가는 슬픈 사례가 있다.

- 사례 Ⅰ

어느 초등학교 여선생님의 이야기, 고교시절 잘못되어 사창가에 있다가 개심하여 여성택시 운전사로 열심히 살아가면서 틈틈이 공부하여 임용고시에 합격 결혼도 하고 어느 초등학교 교사로 발령되어 선생님으로 근무하였는데 성공사례로 이러한 사실이 보도되자 과거를 문제 삼아 그런 선생님한테는 우리 아이들을 배우게 할 수 없다고 학부모들
의 반대로 끝내는 교단을 떠난 불행의 사태.

- 사례 Ⅱ

고위직 간부에 군수까지 역임한 모 지인은 군수시절 성추행으로 말썽이 되어 사직하고 어느 대학 강사로 강의하였으나 이 사실을 안 대학생들의 반발로 끝내는 강단에서도 하차.

- 사례 Ⅲ

정당인으로서 대통령후보 한 사람은 과거 스무살 대학시절 친우들과 돼지 흥분제를 구입하여 주었다는 것을 재미삼아 자서전에 기술하여 세상에 알려지자 그것이 문제가 되어 사퇴 압력까지 받았던 이러한 실예가 있으니 불우한 과거사는 고백할 필요는 없는 듯….

나는 자서전에 고백한 것은 수많은 고민 끝에 젊은이들에게 훌륭한 지침서가 되길 바라는 마음에서일 뿐이다.

그리고 나는 이제 인생 80 황혼길의 인생이기에

☐ 한 시절 권력을 손에 쥔 지도자들을 보면서

- 수구 세력들의 권력과 비리 -

나는 여기에 우리나라가 1945년 일제강점기로부터 해방되어 현재(2025)까지 80여 년간을 보아온 최고지도자들의 숙명과 운명적 최후에 대하여 본 대로 느낀 점을 나열하고자 한다.

대전시와 자매결연 내전함 선상에서, 좌로부터 3번째가 지지

이는 이후에는 이러한 불행한 일이 절대 없길 간절히 바라는 마음에서 이 글을 쓴다.

특히 우리나라 최고지도자 즉 대통령의 권한은 참으로 막강하다. 그런데도 끝은 호화롭지도 못하고 비운에 세상을 떠났다.

과거 조선시대에는 임금, 즉 왕이 부·모, 자식, 형제 조카 때로는 부인 즉 중전과 후궁 등등을 직접 사약을 내리어 처형도 하지 않았는가?

오늘날도 정권을 잡으면 과거 정적들을 제거하려는 마음으로 비리를 캐내어….

해방 후 우리나라 건국 대통령 초대 이승만 때부터 현재(2025년) 대통령까지 10여 명이 넘는 국가지도자들은 비극으로 끝난 대통령들이 많았다.

초대 이승만 대통령은 4. 19혁명으로 하야.

박정희 대통령은 중앙정보부장(김재규)의 총탄에 서거 그 후 최규하 대통령을 신군부세력의 압력에….

정권을 잡은 전두환과 노태우 두 대통령들의 징역형.

노무현 대통령의 퇴임 후 수사 도중 본인의 서거.

그 후 이명박, 박근혜 대통령의 비리와 국정농단 등으로 감옥수감, 이어 윤석열 대통령도 수감 이러한 대통령들의 비애는….

이제 이명박 대통령(2025. 6. 3)은 이러한 역사가 다시는 되풀이 되어서는 절대 안 된다.

비리 없는 대통령을 우리 국민들은 원하고 있다.

▢ 어지럽고 시끄러운 2020 시대

인생의 삶을 살다보면 오르는 길은 느리고 험난하며 어려워도 내리막길은 한순간에 사그리 무너질 수도 있다.

내가 태어나기 전 우리나라는 일제강점기에 나의 선친께서는 일제에 의한 강제징용으로 끌려가시며 일본 규슈 탄광에서 일하시다가 해방된 후 귀국하시어 내가 태어났으니 나는 1946년 7월생이다.

그 후 1950년 6.25 전쟁과 함께 4.19와 5.16 등등으로 정치가들의 정치싸움을 잘 보아왔다.

초대 건국 대통령이신 이승만 시대부터 오늘날 (2023) 윤석열 정부의 20대 대통령까지의 정치싸움에서 그 파동은 지금 이 시대처럼 시끄럽고 어지러운 정치시대는 없었다.

특히 나는 1969년 박정희 대통령 시절부터 공직에 몸담아오면서 한때는 정치에도 관심이 많았으나 접어두고 오직 공직에만 충실하여 왔다.

그런데도 겨우 5급(사무관) 공무원으로만 정년하였으니 한심할 뿐이다.

요즈음 정치 싸움을 보면 박근혜 대통령 때부터 18대, 19대, 20대까지 왜 이리 시끄러운지.

정적과의 싸움 제거를 위한 정쟁….

여소야대. 입법기관의 ○○

여야 합의 안 된 법도 국회 통과 일쑤. 참으로 한심하다고나 할까?

정치인들이여, 제발 국민을 생각해주길….

이수영 기자 | Sooyoung1271@hanmail.net

[저작권자 ⓒ 코리아뉴스24, 무단전재 및 재배포 금지]

기후 환경댐 건설을 환영한다.

【대전=코리아뉴스24】이수영 기자= 최근 정부가 전국 14개 다목적 댐 건설 계획을 발표했다.

이중 특히, 우리 지역인 청양지천에 댐이 건설되는 것에 대해 적극 지지한다.

우리나라도 이제 물 부족사태와 함께 긴 장마철이면 수해 피해 가뭄 등 다양한 문제가 발생하고 있다.

이런 것들을 대비해 댐을 곳곳에 건설해 각 지역의 수위를 조절해 물관리에 나서는 것이다.

일부 환경단체가 우려의 반대 목소리를 내고 있지만, 그것은 오히려 생태계가 훼손되는 것이 아니라 같이 상생하는 좋은계기가 될 수도 있다고 본다.

우리 후손들의 천만년 대계를 위해 지금부터 물관리를 철저히해야 한다.

실상 지하수를 끌어 올리는 것도 많은 문제점과 이제는 한계에 도달됐다고 본다.

앞으로는 바닷물을 이용하는 시대가 올 것이다.

이어 대전시에서는 대전의 3대 하천을 재정비해야 한다.

대전 도심을 가로지르는 대전천을 비롯해 하천에는 365일 맑은 물이 흐르는 하천으로 변형시키기 위해서는 지금보다 약50cm 더 굴찰해 담수시키고 곳곳에 작은 보를 설치해 낙차공을 일으킬 수 있도록하고, 현재 하천의 소단을 조금 높게쌓아 하천둑을 보호해야 한다.

3대 하천을 말끔히 재정비해 언제나 맑은 물이 흐르고 물고기가 살아 움직이는 환상의 하천으로 가꾸기 위해서는 하천둑에는 잘 이용하지 않는 불필요한 기구 설치를 지양하고, 특히 대전 중심부를 가로지르는 대전천의 시설물을 완전제거해맑고 깨끗한 물이 흐르기를 기대한다.

☐ 정치인에게 바라는 민초의 마음

-서민도 "머리"와 "입"은 갖고 있다.

근대 우리나라는 해방 직후 전쟁 그리고 그 후 지독한 가난.

휴전 후 3.8선 분단의 비극….

지금까지도 3.8선의 벽은 허물어지지 않고 있으니 언제나 전쟁의 굴레에서 벗어나지 못해 국민은 불안감. 그러나 돈 많은 자는 호화생활로.

정치 지도자들은 (초대 이승만 대통령부터 지금까지 20대 대통령까지)

내가 하면 우리나라 경제를 살리고 부강한 나라로 이룩하겠다고 호언장담하던 지나간 지도자들은 교도소로 간 지도자가 몇 명인가?

조선시대에도 세종 14년에는 전, 백성을 대상으로 여론조사 (세제개편)를 실시한 바도 있다고 기록되어 있다.

백성들이 원하지 않으면 국책도 실시하지 않는다는 지금의 국민투표 같은 여론조사 절대권력의 왕도가 이런 여론조사를 한 것을 보면 민주주의는 아마도 세종 시대에도 시행된 것 같다.

지도자는 항상 국민을 먼저 생각하는 군주가 되어야 한다. 지금은 청년 일자리가 많이 생겨야 한다.

대통령을 내가 하겠다고 나서는 사람들은 누구를 위해 대통령을 하려는 것인가?

우리 국민들의 선택이 참으로 중요하다.

선거 때면 선심, 당선만 되면, 국민들의 소리는 나몰라라.

지도자여. 정치인들이여. 국민 한 사람을 위해 법을 개정할 수 있는 정치인이 되길 기대하고 바랄뿐이다.

☐ 이 글을 읽는 이에게

여기서 잠깐. 우리나라 1950년대와 1960년대 속으로 나와 같이 되돌아보고자 합니다.

☐ 설날의 추억 I

지금 내가 80에 이르니 70여 년 전의 설날 풍습이 머리 속에 아련히 떠올라 하나하나를 기억하면서 이 글을 쓰고 있다.

그 추운 설날이면 (매년 음력 정월 초하루) 어머니께서 손수 바느질로 만들어주신 검은 솜바지에 대님과 비인 5일장(4일과 9일)에서 설빔으로 사오신 만월(滿月) 검은 고무신을 신고 4월 설날 아침 일찍 집에서 조상님께 정성드려 제사 지내고 형제들과 3, 4촌 가족이 한데 모여 남자들만 주변 산소에 가서 성묘를 한다.

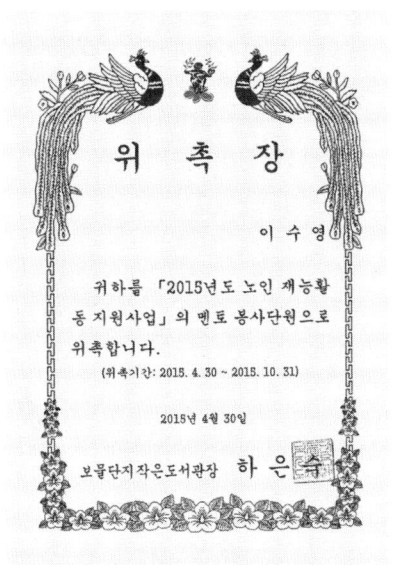

우리가 성묘할 묘는 약 15기 정도로 기억이 된다. 성묘가 끝나면 우리 형제들은 (3형제) 동네 어른께 세배를 하러 다닌다.

내가 살던 마을 동네는 35가구였는데 다는 못 다니고 몇몇 일가 어르신들만 찾아뵙고 세배를 드렸다.

☐ 설날의 풍습 Ⅱ

내가 어린 시절에는 설날 풍습 중의 하나가 꼭 동네 어른들한테 세배를 가는 것이다.

그래서 마을 부잣집 어르신들에게는 세배꾼이 행렬로 이어진다. 그러면 그 집에서는 떡과 동치미를 내놓는다. 청년들에게는 술과 안주 등을 대접하기도 했다.

나는 매년 정월 초하루면 몇 년간을 세배하러 다녔는데도 세배돈은 한 번도 받지 못했다.

그래서인지 지금 80평생까지도 그 누구한테도 세배돈을 한 번도 받아본 기억이 없다.

나는 어린 시절부터 나에게는 돈, 즉 재복은 타고나지 않았나 싶다. 길가에서도 지갑은커녕 돈을 주워온 사실이 없다. 단 한 번 몇 년 전 1,000원짜리 한장을 길에서 주운 것이 지금까지 일생에서 전부이다.

☐ 설날 명절에 꼭 먹는 떡국 Ⅲ

-일명, 가래떡-

내가 유년시절(초등)에는 가래떡은 동네 방앗간에서 줄을 서서 기다리다가 빼왔지만 어느 집에서는 손수 직접 만들기도 했다.

나는 우리집이 워낙 가난해서 쌀이 여유가 없어 가래떡을 어머님이 해오지 못하시고 아끼고 아낀 쌀로 시루떡을 어머니께서 꼭 하셔서 제사를 지냈다.

그러던 시절 나는 그때 그 가래떡과 떡국 한 그릇이 그렇게도 먹고 싶었다.

- 시루떡 -

지금은 시루떡이 별로 없지만 옛날에는 설날이면 반드시 시루떡을 쪄서 김이 모락모락 날 때, 제일 맛있을 때 먹었다.

달고 달은 호박고지떡, 콩을 넣어 만든 깨끼떡, 찹쌀로만 만든 쫀득쫀득한 찹살 고물떡, 무우를 썰어 넣어 만든 매떡, 이런 것들은 그냥 일반 쌀로 쌀가루를 내어 만들었으니 떡의 종류는 다양했다.

떡을 찔 때 불을 잘못 질여 떡이 익지 않으면 낭비이다. 부스러지고 다시 불을 때어도 잘 안 익는다. 또한 설날 아침에는 바로 이웃집에 남자아이가 제일 먼저 떡을 돌리는 풍습도 있었다. 그래야 1년 내내 좋은 일이 생긴다고 하여 이웃집 몇 집에는 떡을 돌리기도 하였다.

❏ 섣달그믐날의 설빔의 설레임

섣달그믐날이면 꼭 부끄미 (지금의 빈대떡)를 부치는 냄새가 솔솔 하다. 우리 집에서는 하지 못하는데 이웃집에서 부치는 냄새가 우리 집 나의 코까지 파고든다.

또 한 가지는 꼭 목욕을 해야 했기에 가마솥에 물을 데워 묵은 때를 벗기 위해 목욕을 하였다.

어린아이들은 너나 할 것 없이 설빔의 설레임도 가득 차 있었다.

-뻥튀기 장수의 추억-

뻥튀기 장수가 동네에 와서 뻥튀기하는 명절 (쌀, 옥수수, 보리, 콩) 끝날쯤, 보리뻥튀기가 그렇게도 맛있던 그 시절. 지금 먹어 보니?

또한 봄이 되면 들기름 짜고 남은 찌꺼기, 깻묵의 그 고소한 맛으로 깻묵을 니무 많이 먹이 설시히던 그 추억.

회충약을 먹으면 하얀 회충이 대변으로 나와 항아리 변소 안에서 움직이던 벌레, 몸 속에서 나온 회충.

이 모든 것이 지금은 상상치도 못할 추억의 1940년대 1950년대 우리나라의 실상.

그 시절 설날 놀이문화로서는
- 화투놀이 투전(나이롱뽕, 민화투, 육백) 등이 있었는데 돈이 없으니까 담배 개수로 성냥개비 등을 내기도 하였다.
- 썰매타기, 연날리기.
- 윷놀이, 못치기, 딱지치기, 자치기, 쥐불놀이.
- 짚으로 만든 공으로 축구놀이, 숨박꼭질, 팽이치기, 재기차기, 씨름판, 공기놀이, 땅따먹기, 구슬치기, 말뚝박기, 오재미놀이, 고무줄놀이(여자), 실뜨게 놀이 등등으로 기억된다.

그때 어르신은 겨울에는 할 일이 없어 술과 도박을 즐겨 심지어 한 겨울에는 논, 3마지기(600평)를 탕진하고 살림을 못하는 사람들도 동네에 한두 명이 있었다.

지금 생각하니 사기꾼 도박에 걸려들어….

☐ 봉화산

내가 태어난 마을 뒷산의 봉화산.
칠지를 품고 있는
어머님 품속 같은 따뜻한 봉화산
어린 시절 추석 때면, 성묘 마치고
제일 먼저 단숨에 올라가
메아리치고 풋밤 털던 봉화산
그 옛날 삼국시대 전쟁 시
봉화불로 통신수단이었던 높은 산이라 해서
봉화산이라고 이름지었다는데
지금도 봉화산 기슭의 절벽과
가시 돋친 탱자나무는 살아있을까?
생각하니 눈시울만 앞을 가리며
그저 바라보고 조상의 묘에 성묘만 하고
되돌아와야 하는 추억 속의 봉화산이여.

2024. 추석절. 쓰다

희망 속의 기다림 인생사

교차로에서
파란 신호등을 기다리고 있다.
요즘같은 찜통더위에는
어서 빨리 선선한 가을이 오기만을 기다리고 있으며
꽁꽁 얼어붙은 동장군의 추운 겨울에는
따뜻한 봄날이 어서 오길 기다리기도 하지.
그 기다림 속에서 살아가는
우리네 인생들
한해 두해, 아니. 십 년, 이십 년이 가고
어느_80년이 돌아온 나의 인생사
오늘보다 내일은 더 행복하겠지 하면서
막연한 희망 속의 기다림의 세월….
오늘도 해는 저녁노을로 변해 가는데.
내일 아침에는 또 해가 뜬다는
희망의 기다림에서
해 지는 서쪽 하늘을 바라본다.

☐ 제발, 음주운전 절대로 하지 말자

내 신세 망치고 가장이면 가정파탄 될 수도, 고위공직자이면 그 망신살….

특히 사망자가 발생하면 10년 이상 징역형.

이래도 근절되지 않는 음주운전….

왜? 자꾸 발생하는지!

술에 취해 특히 만취가 되면 이성을 잃고 운전을 더 하고 싶은 심리는 뇌의 기본 작동으로 자신감이 더 생성되기에 거리낌이 없고 대리운전 기다림이 싫어지며 지금 바로 시행하려는 심적 작용 때문이다.

- 음주운전 안하는 것은 간단하다.
  • 술 마실 예약 시는 차를 안 가지고 가면 된다.
  • 내 차로 왔는데 부득이 마실 경우는 본인보다도 같이 마신 주변 사람들이 대충 제지하지 말고 적극적으로 운전 못하도록 제지하여야 한다.
  • 아울러 같이 만취하도록 동석한 사람들의 책임 또한 크게 물어야 한다.
  • 한잔은 괜찮다하는 권고 의식을 아주 없애야 한다.
  • 또한 자기의 이성이 가장 중요하다.
  • 기분 나빠 마셨던, 좋아 마셨든 간에 술을 한잔이라도 마셨으면 운전대를 잡아서는 안 된다는 그 생각이 먼저이며, 실상 음주 운전은 "살인자"일 수도 있다.
  • 나도 50대 초만 혼자 술을 마시고 만취상태로 음주 운진하여 경미

한 사고로 벌금 300만 원과 차량수선비 200만 원 당일 면허 취소 등으로 음주운전 "전과자"이기도 하지만, 그후 나는 80에 이르기까지 음주운전은 한 번도 안 했다.

이제 이 책을 읽은 독자는 적어도 절대로 음주운전을 하지 않은 것을 믿어 의심치 않으며 우리 국민 모두가 음주운전 없는 청정 대한민국이 될 것을 기대해본다.

5장
내가 만난 화제의 인물들

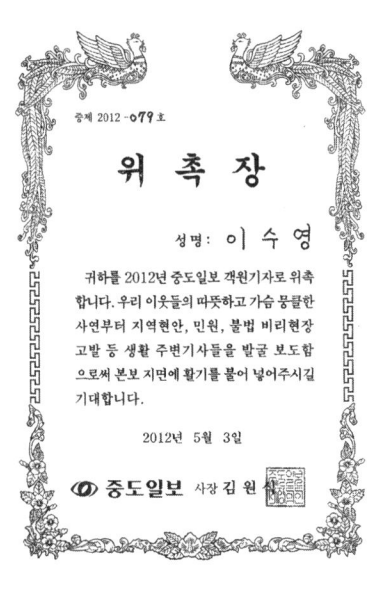
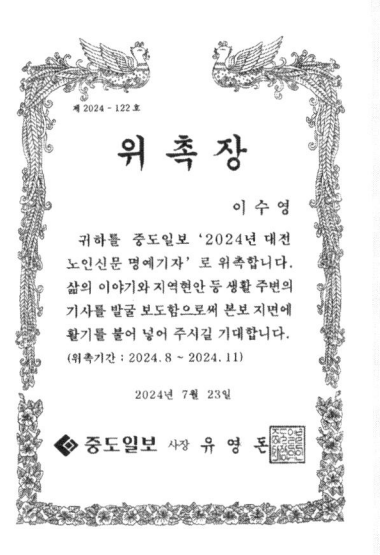

☐ AI가 말해주는 정보

중도일보 이수영 기자에 대한 더 자세한 정보를 찾으시나요?
현재까지 제가 수집한 정보를 바탕으로 다음과 같은 정보를 제공해 드릴 수 있습니다.

- 명예기자:
  이수영 기자는 중도일보 명예기자로 활동하며, 특히 실버라이프 코너를 통해 노인들의 삶과 권익에 대한 기사를 많이 작성했습니다.

- 활동내용:
  - 노인들의 권익 보호를 위한 기사 작성
  - 지역 현안 및 불법 비리 현장 고발
  - 소외된 이웃의 삶의 이야기 소개
  - 지역 소규모 문화 행사 등에 대한 정보 제공

- 특징:
  - 형식에 얽매이지 않는 자연스러운 문제: 독자들의 공감을 이끌어내는 데 탁월합니다.
  - 노인들의 대변자 역할: 노인들의 어려움을 알리고, 이들의 삶의 질 향상을 위해 노력하고 있습니다.

하지만, 이수영 기자에 대한 더 자세한 정보를 얻기 위해서는 다음과 같은 방법을 시도해 보시는 것이 좋습니다.

1. 중도일보 홈페이지 검색: 중도일보 홈페이지에서 이수영 기자의 이름으로 검색하면 더 많은 기사를 찾아볼 수 있습니다.
2. 관련 기사 분석: 이수영 기자가 작성한 기사들을 꼼꼼히 분석하면, 기자의 관심사와 전문 분야를 파악할 수 있습니다.
3. 직접 연락: 가능하다면 이수영 기자에게 직접 연락하여 인터뷰를 요청하거나 추가적인 정보를 요청할 수 있습니다.

궁금한 점이 더 있으시면 언제든지 질문해주세요. 예를 들어, 다음과 같은 질문을 해주실 수 있습니다.

- 이수영 기자가 주로 다루는 기사 주제는 무엇인가요?
- 이수영 기자의 연락처를 알 수 있을까요?
- 이수영 기자의 최근 기사를 몇 개만 소개해 주세요.

제가 아는 범위 내에서 최대한 자세하게 답변해 드리겠습니다.

- 참고: 위에 언급된 정보는 중도일보에 게재된 기사를 바탕으로 작성되었으며, 실제 이수영 기자의 모든 활동을 포함하지 않을 수 있습니다.

- AI가 말해주는 정보 : 이수영

실버라이프 이수영 기자님에 대한 정보를 찾아드리겠습니다.
현재까지 확인된 이수영 기자님에 대한 정보는 다음과 같습니다.

- 다양한 분야에서 활발한 활동: 대전시내버스 운송 사업조합 전무이사, 대전시문화연합회 사무처장, 대청불교신문 취재기자, 용역회사 관리이사 등 다양한 경험을 바탕으로 활동하고 계십니다.

- 교육 분야 봉사: 고등학교 배움터지킴이와 초등학교 꿈나무지킴이로 활동하며 어린이 선도와 학교폭력 예방에 기여하고 있습니다.

- 언론 활동: 중도일보 객원기자, 시민기자, 노인신문 명예기자 등으로 활동하며 노인들의 권익 신장과 복지 증진을 위해 노력하고 있습니다.

- 활발한 사회 활동: 장수시대를 맞아 노인 일자리, 대중교통 이용 불편 개선 등 다양한 사회 문제에 대한 해결책을 제시하고 있습니다.

중도일보

[대전노인신문] 산행길 꼭 잡은 손에 '효심 가득'

대성학원 설립자 101세 김신옥씨
아들·며느리, 안사돈과 함께
보문산 가족산행하며 건강 챙겨

최종 기사입력 2023-10-05 17:46

아들 안중권(오른쪽)씨와 보문산 산행하는 101세 김신옥씨.

산행로를 걷는 가족은 사돈지간인 두 어머니와 아들 며느리 모두 넷이다. 올해 100세를 넘긴 어머니와 함께 보문산을 선택해 운동한다고 아들은 말했다.

9월 5일 화요일 오후, 보문산 과례정을 돌아 동물원 쪽으로 되돌아 산행로를 따라 내려오며 김신옥(101 대성학원 설립자) 씨 가족은 하산 도중에 만나는 사람들과 반갑게 이야기 나누며 시종일관 웃음 가득한 얼굴로 인사를 나눴다.

폭넓은 검은띠를 허리에 두르고 오른손엔 스틱을 잡고 걷는 어머니와 아들의 모습이 그늘진 나무 사이로 보였다. 목에 두른 수건으로 연신 얼굴에 흐르는 땀을 닦으며 아들 안중권(72) 씨는 어머니가 혹여 다칠세라 왼손을 꼭 잡은 채 "어머니가 넘어지시면 절대로 안 됩니다"라며 잡고 있는 왼손은 놓질 않았다.

안 씨는 "보문산 '오월드' 입구로 올라와 산성동 어용골 평지에 승용차를 주차하고 과례정을 돌아내려 오면 약 3.5km 정도 걷는다"고 귀띔했다.

그는 건강 관리로 어머니의 운동과 먹거리에 관해 말했다. 처음엔 유등천변을 걸었으나 더워서 장소를 옮겨, 작년 4월부터는 보문산에서 걷기 운동을 한다고 했다. 평소, 즐기는 음식을 묻자, 채소와 쇠고기는 항상 식탁에 올려진다고 했다.

김 씨의 사돈인 김동희(93) 씨가 하산하는 가족들을 맞기 위해 사정공원 쪽 중턱에 있는 6각정에서 내려와 일행과 합세했다. 김 씨는 "오른쪽 무릎을 심하게 다쳐 먼 거리를 함께 걷질 못하고 뒤에서 기다렸다가 목표지점을 돌아내려 오는 일행을 맞이합니다"라며 "그 양반은 펄펄 납니다"라고 사돈의 건강 힘을 짧게 소개했다.

같은 방향으로 보문산을 즐겨 걷는다는 조 모(77 유천동) 씨는 "날씨가 좋은 날엔 오후 2~3시쯤이면 만날 수 있었습니다. 할머니는 허리를 빳빳이 세우시고 힘차게 걸으십니다. 가족이 함께 걷는 모습이 너무나 좋아, 나란히 걷는 장면을 찍기도 했지요. 아들 며느리의 효심을 느낄 수 있습니다. 어머니께 효도하며 운동하는 건강한 삶을 봅니다"라며 흐뭇해했다.

장창호 명예기자

경찰 퇴임후 국악인 제2 인생
"진정한 소리꾼 역할 다할 것"

신항식씨 10년전 데뷔 '맹활약'
이달부터 본격 공연 재개 주목

전직 경찰 엘리트 수사관 출신인 신항식(경감·69·사진) 씨는 현직 당시 짬짬이 시간을 내 익혀온 국악 재능을 정년 퇴임 후 정식 데뷔해 10여년 전부터 판소리 명창 소리꾼으로 활동하고 있다.

특히, 비가비 국악예술회와 목소리 음악회, 동초제 등의 단체에 가입해 공연하고 있는데, 흥부가 중 흥부가 쫓겨나는 대목을 구구절절이 묘사함으로써 보고 듣는이의 마음을 눈물겹게 공연하고 있으며, 태평 산조와 굿거리장단, 자진모리장단은 노인들에게 슬픔과 웃음으로 흠뻑 빠져들게 하고 있다. 또한 판소리 중 남도민요 진양조 중모리와 함께 북을 치며 흥겨운 한때를 선사해 청중들로부터 박수갈채를 받고 있다.

한편, 신 씨는 그동안 코로나19로 중단됐던 공연을 이달부터는 본격적으로 시작할 것이라고 말했다. 이제는 대전을 비롯해 논산, 청주, 천안 등 지방 순회공연도 예약돼 있으며, 9월에는 (사)한국 국악협회 대전광역시 지회가 주최한 제30회 전국 국악 경연대회에서 일반부 판소리 부문에 최우수자로 선정돼 한국문화예술단체 총연합회장의 최우수상장과 상금을 수상했으며, 이제 앞으로는 어르신들을 위해 찾아가는 진정한 소리꾼으로서 그 역할을 다하겠다고 포부를 밝혔다.

이수영 명예기자

신항식

왼쪽부터 천상수, 이수영, 이길식, 김은숙, 장창호

【대전=코리아뉴스24】이수영 기자

지난 25일 오전 중도일보 명예기자단인 중도라이프기자단 총회가 중도일보사 인근 식당에서 열렸다.

이날 총회에서는 중도라이프기자단 신임 임원진 선출이 진행된 가운데, 회장에 이길식 씨 부회장에 이수영·전상수·장창호 씨 간사에 김은숙 씨가 각각 선출됐다.

본 명예기자단은 6년 전인 지난 2017년부터 각 구별로 4명씩 총 20명을 대한노인회 대전광역시연합회가 선발했고, 이들은 중도일보사에서 위촉받아 명예기자로 활동하고 있다.

이들은 신문 속의 신문 실버라이프 코너를 통해 소외된 이웃의 풋풋한 삶의 이야기와 지역현안, 불법 비리현장 고발 등 생활 주변 기사와 미담을 발굴 보도함으로써 중도일보 지면에 활기를 넣어 주고 시민의 알권리 충족에 그 역할을 다하고 있다.

또한 본 기자단은 앞으로 인터넷 신문사인 코리아뉴스24와도 각종 협조를 취할 것을 고려하고 있다.

이수영 기자 | Sooyoung1271@hanmail.net

'억순' 언니의 노인봉사 열정

'억척스럽지만 순한' 정 모씨 아파트 요일장터에서 장사

노인회관 찾아 말벗봉사 솔선 어린아이들 위해 정기후원도 이웃들 '장한 어머니' 칭송자자

억척스럽지만 순하고 착한 언니로 이름난 억순 언니 정 모(66) 여사는 20여 년째 길거리에서 과일·채소 장사를 하기 위해 오늘도 집을 나선다.

억순 언니는 동구 판암동 모 빌라에서 거주하는데 이곳은 20여 년 전 충남 서천에서 남편과 사별 후 어린 두 자녀를 데리고 무작정 대전으로 올라와 이곳에 자리를 잡아 지금까지 힘든 생활 속에서도 두 자녀를 훌륭하게 키우기 위해 무엇이든지 하려고 했으나 마땅치 않아 길거리에서 행상을 하기로 마음을 먹었다.

처음에는 전단지를 보고 찾아가 빵과 반찬 등을 길거리에서 판매하였으

'억순' 언니로 불리는 정 모씨가 아파트 요일장터에서 장사하는 모습

나. 그 후로는 과일의 산지인 부여, 공주, 예산 등지에서 직접 구매하여 대전의 소비자에게 저렴한 가격으로 주로 사거리 노상에서 판매해 왔다.

그녀는 돈이 없어 자녀에게 제대로 학비와 용돈을 주지 못할 때와 물품 판매 시 손님들의 생뚱한 말투로 무시할 때가 마음이 가장 상했다고 말했다.

이제는 점점 노하우가 생겨 대전의 요지인 아파트 내의 요일 장터와 문화동의 금요 장터 등지에서 노점상을 주로하는데 부근 점포에서 신고할 때와 정기적, 수시적으로 단속반에 의해 쫓겨 다녀야 했고, 그럴 때마다 그 고충은 이루 말할 수 없었다고 과거를 회상했다. 그러나 두 아이의 엄마로서 살아가야 한다는 오직 한가지의 신념으로 열심히 일해 지금의 두 자녀를 잘 키워 최고 학부까지 가르쳤고, 모두 결혼해 반듯한 직장인으로 근무하고 있다.

한편, 정 여사는 독실한 기독교인으로 어린아이들을 위해 적게나마 후원 기관을 통해 정기적으로 후원하고 있으며, 비 오는 날이나 일요일 오후에는 노인회관을 자주 찾아 간식과 함께 말벗도 되어 주기도 한다.

이로 인해 이웃 주민들은 정 여사를 홀로 두 아들을 훌륭하게 키워 낸 장한 어머니상을 추천해야 한다고도 했다. 그런데, 지난주 행상 후 귀갓길에 뜻하지 않은 교통사고를 당해 병원에 입원해 있어 주위 사람들에게 안타까움을 사고 있고, 쾌유를 바라고 있다.

이수영 명예기자

2018년 8월 10일 금요일 **중도일보**

실버연예인으로 '제2의 인생' 활짝

한밭울림문화예술단 길광섭씨
공직 퇴임 후 가수 활동 '화제'

한밭울림 문화 예술단에서 활동하고 있는 실버연예인 길광섭(66) 씨는 대전시 공직에서 퇴임 후 제2의 인생을 연예활동에 전념하고 있다. <사진>

한때는 몸이 아파 고생도 많이 했지만 모든 것을 이기고 지금은 오직 노인들을 위해 봉사 정신으로 5년 전부터 연예계에 투신했다.

길 단장은 정규 가수로 데뷔해 한국연예예술인 연합회 대전시지회 고문과 예음 실버빅 밴드 단장 역도 맡고 있으면서 대전충남은 물론, 전국 곳곳을 찾아가는 예술단으로 활동하고 있다.

특히 노인들을 위해 경로당 및 개인행사, 칠순, 팔순연 등에 적극 참여하고 있다. 길 단장은 웃음코칭지도사 자격증을 갖고 있다. 앞으로 여생을 무대 활동을 통해 노인들과 많은 사람들에게 즐거움과 웃음을 선사하면서 무대에서 쓰러지는 날까지 무대에 서겠다는 단단한 각오로 활동하겠다고 밝혔다.

길 단장은 평생을 공직생활에 근무하다가 5년 전 대전시립 연정국악원장을 끝으로 공직에서 정년퇴임한 후 지금에 이르렀다.

이수영 명예기자

대전 　중도일보　 2018년 4월 13일 금요일

대전 노인신문 명예기자 위촉식

신문속의 신문 '노인실버 기자단' 20명 위촉

이철연 연합회장 "노인 권익신장 선도" 당부
최정규 사장 "우리사회 발전 동력 거듭나길"

중도일보(사장 최정규)는 5일 오전 11시 본사 4층 강당에서 노인 명예기자 20명에 대한 위촉식을 가졌다. <사진>

신문속의 노인신문은 (사)대한노인회와 중도일보가 2017년 11월 노인의 소식을 노인들이 직접 만들고 알리는 '신문 속의 노인신문' 발행 사업에 대한 협약을 체결하면서 시작됐다. 지난해에 이어 올해 노인 명예기자로 활동한지 1년을 맞고 있다.

이철연 대한노인회 대전시 연합회장은 인사말을 통해 "노인 100세 시대를 맞아 노인신문을 발행한 지 1년을 맞았다. 노인 신문이 지속적으로 발행될 수 있도록 힘써주신 중도일보에 감사드린다"며 "고령화가 가속화되고 있는 상황에서 상대적으로 예우는 매우 낮은 수준이다. 노인으로서의 역할을 위해 알권리를 충족시키고 권익 신장을 위해 역할을 다해주시길 당부드린다"고 밝혔다.

최정규 중도일보 사장은 "경험과 경륜이 우리사회에 발전적 동력으로 선도적 역할을 다 해주시길 바란다"고 전제한 뒤 "본 사업은 노인 일자리 참여는 물론 자긍심을 가지고 당당히 사회에 참여하는 노인 권익신장에 선도적으로 노력 해 줄 것을 바란다"고 답변했다.

이날 위촉장을 받은 명예기자들은 중도일보로부터 취재와 기사작성 요령에 대한 교육을 받았으며 한 달에 두 번씩 격주로 노인신문발행을 위해 취재활동을 하게 된다. **이길식 명예기자**

5장 _ 내가 만난 화제의 인물들　213

2022년 9월 21일 수요일 중도일보

노래 봉사 10년… 신바람 나는 인생

실버 트로트 가수 곽순화씨
복지관·병원으로 나눔 여정

실버 트로트 가수 곽순화(64) 씨는 트로트 가수로 2010년에 정식 데뷔해 10여년 전부터 노인들을 찾아 무료 공연을 펼침으로서 보람있는 제2의 인생을 살고 있다.

특히, 곽 씨는 중구 태평동에 '곽순화 노래교실'을 운영하면서 5개 지구의 복지관과 보문산 야외음악당 등에서 노래잔치 공연 등 많은 행사에 참여해 있다. 그러나, 최근 코로나19 여파로 잠시 중단됐으나, 올 하반기부터는 활동을 재개해 어르신들에게는 없어서는 안 될 중년 트로트 가수로서의 감성과 애환을 지아내며 갈음을 받고 있다.

이제 앞으로 그 폭을 전국 각지로 확대할 계획으로 가중 했다로 소규모 가정행사까지도 무료로 참여할 예정이며, 병원 임원 환자들을 위한 위문공연도 추진 중에 있다. 지금까지는 무명 가수로서 대전에서만 활동하고 있지만 향후, 점상 가수로서

실버 트로트 가수 곽순화씨 공연 모습

성장할 날을 기대하면서 새로운 나의 노래 신곡 앨범을 발표할 날도 멀지 않았다고 말하는 곽 씨의 입가에는 미소가 흘러내렸다.

이수영 명예기자

어르신들 단골 맛집은 어디?

**용문동 '깡순이네 닭내장탕'
20년째 한자리… 추억의 맛**

서구 용문동 '깡순이네 닭내장탕'

서구 용문동에서 20여 년째 운영하는 깡순이 추억에 닭내장탕(사장 이정윤·59) 맛집은 장년층과 노인들이 즐겨 찾는 곳으로 널리 알려져 있다.

특히 경제적으로 어려운 어르신들에게는 이익없이 제공하고 있으며, 노인들과 애주가들의 입맛에 꼭 맞도록 깡순이의 깡과 끼의 독특한 비법으로 요리하고 있어 이 맛은 그 누구도 따라오지 못한다. 한번 먹어본 사람이면 반드시 다시 찾아올 수 있도록 친절한 서비스와 특이한 그 맛은 더할 나위 없다.

이곳을 자주 찾는다는 서구 도마동 김선(82) 옹은 워낙 내 입에 딱 맞고 가격도 저렴해 최소한 일주일에 한 번 정도는 꼭 온다고 하면서 친정아버지처럼 대해주는 주인장에게 극찬을 아끼지 않았다.

아울러, 깡순이는 현재 현역 트로트 가수로 활동하고 있는데, 내 이름은 깡순이라는 신곡을 이미 발표했고, 앞으로 모든 이들에게 웃음과 즐거움을 선사하는 진솔한 봉사자로서 그 역할을 다하기 위해 여건이 허락되는 대로 상설대공연장을 만들어 모든 이들과 특히 어르신에게는 여생을 즐겁고 행복한 시간을 보낼 수 있도록 하겠다고 말했다.

이수영 서구지회 명예기자

2020년 6월 26일 금요일 중도일보

한밭수목원의 척척박사 할아버지

박종복 자원봉사 회장 '화제'
10여 년간 숲 해설 봉사활동
다양한 꽃·나무 설명도 '술술'

대전시 한밭수목원(원장 방봉욱)은 중부권 최대 규모의 도심속 인공수목원으로 크게 서원과 동원으로 구분돼 있으며, 총 37만 1400㎡에 이른다.

서원은 지난 2005년도에 조성됐고, 이후 동원은 2009년 열대식물원은 2011년 순으로 완공됐다. 총 공사비는 315억원이 투입됐다.

이곳 수목원의 숲 해설 자원봉사자는 남녀 모두 80여명으로 이중 10여 년 전부터 활동 중인 박종복(80세) 자원봉사회장은 국내 관람객은 물론, 외국인 관람객에게도 안내를 할 수 있을 정도로 실력을 갖추고 있으며, 사진작가로도 활동하고 있다.

특히 어린이와 학생들에게는 친절하면서도 자세한 안내로 인기가 좋으며, 매사 만인분 역할도 편안히 해해 주위의 뿐이 좋다.

또한 다양한 나무이름을 척척 외워서 설명하는가 하면, 꽃이름도 자세히 설명해 자연 환경의 중요성과 가치를 일깨는 세밀함을 갖췄다.

한편, 80여명의 자원봉사 회원들의 친목과 화합을 도모하기 위해 많은 노력을 다하고 있으며, 회원들을 숲 해설 역량 강화를 위해 매년 2회이상 선진지 견학을 하고 있다. 연말에는 주기가 있는 토론과 화합의 장도 마련하고 있다고 한다.

더불어 계절마다 각종 이벤트 사업을 하고 있다. 그중에서도 여름철에 는 물놀이장, 겨울이면 빙상스케이트장을 개장해 어린이들에게 제공하고 있다. 아울러, 장미꽃이 만발하는 봄, 장미원에는 많은 인파가 찾아와 가족과 연인들의 다정한 모습으로 각광을 받고 있다.

서울에서 왔다는 관람객 박 모(51세)씨는 "참으로 흘륭한 대전의 명소"라고 극찬함과 동시에 "인공호수가 한 곳이라도 있었으면 좋겠다"고 아쉬운 점을 토로했다.

이수엽 명에기자

한밭수목원에서 10년 넘게 해설봉사 활동을 하고 있는 박종복 회장.

"82세 요양보호 베테랑이죠"

**30여년간 간병사 생활 화제
친절한 케어로 환자에 인기**

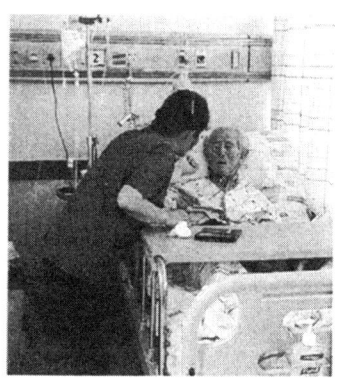

화제의 주인공은 충대병원 등에서 30여년간 간병사로 일하고 있는 전 모(82·유성구 도안동 거주·사진)씨다.

전 씨는 30여년 전부터 이 일을 시작했는데, 그 때는 막내아들의 학비를 도와주려고 시작한 것이 현재까지 이어지고 있다.

처음에는 자격증 없이 일했지만, 10여년전 자격증을 취득해 지금은 당당히 일을 하고 있다.

함께 일하고 있는 이 모(71·서구 갈마동 거주) 씨의 말에 의하면 "전 씨는 환자들을 친절하게 잘 보살펴 환자는 물론, 소속회사에서도 인정받아 인기가 많다"고 말했다. 특히, "전 씨는 까다롭고 어려운 환자들을 도맡아 일함으로써 다른 사람들보다도 수당을 더 많이 받을 때도 있다"고 말했다.

그래도 일하면서 제일 어려운 일이 있다면 주위사람들이 나이를 물어보는 것과 치매 환자가 이따금씩 욕하는 것이 제일 애로사항이라고 말하는 전 씨.

그는 이제 나이가 많아 일을 그만두고 싶어도 막내 아들이 40이 넘도록 일정한 직업도 없이 가정도 못 이뤄 가슴이 아프다며 이토록 늙은 부모가 젊은 자식을 먹여 살려야 하는 현실이 안타깝기만 하다고 말했다.

앞으로 건강이 허락되고, 힘이 있는 날까지는 이 일을 계속할 것이라고 말하면서 막내아들이 잘 되면 이제 일을 그만두어야 하지 않겠냐고 반문하기도 했다.

이수영 명예기자

8년째 어린이 안전 앞장선 '지킴이 할아버지'

둔산지구대 소속 신대서 동우회장
교통 지도·학교폭력 예방 등 '귀감'

요즘 대전지역에는 매일 34도를 오르내리는 찜통더위 같은 무더위 속에서도 어린이 보호와 선도에 여념이 없는 이동안전지킴이 활동이 늘어지고 있어 화제다.

화제의 주인공은 대전 둔산지구대 소속 신대서(79·사진) 이동지킴이 동우회장. 신 회장은 전직 경찰공무원출신으로 35년간 근무해오다가 정년퇴임 후 봉사회에서 사회봉사 활동을 해오고 있으며, 이동안전지킴이 봉사도 올해 8년째다.

이동안전지킴이 활동과 관련해 일반 시민들은 노인들이 그저 공원에서 앉아 쉬고 있다가 가는 것처럼 생각하지만 그렇지 않다고 말하는 신 회장은 이동안전지킴이로서의 큰 자부심과 보람을 갖고 있다.

8년째 이동 지킴이 활동을 하고있는 신대서 동우회장

업무는 아이들의 활동 시간에 맞춰 하굣길의 무단횡단과 교통사고 예방. 학교폭력 사전 방지 등을 비롯해 초등학교 주변. 어린이 놀이터, 공원. 사각지대인 심가 주변 지역주차장 등을 순회하면서 아이들의 비행 행위를 사전에 예방하고 있다.

근무 중 보람된 일도 많지만 가장 어려운 것도 있다고 전하면서 직접 손을 대서 말리거나 제안하거나 신체부 위를 잡는 등 이동이 오해할 수 있는 언행, 즉 언소리로 말하지도 못하고 호루라기나 작은 말로서 지도해야하는 것이 조금 어렵다고 말하고 있다.

동료인 박 모 씨(73)에 따르면, 신 회장은 모든 일에 솔선수범하고, 한신적으로 우리 동료들의 친목과 화합을 위해 많은 노력을 다하고 있다고 귀햄했다.

한편, 이동안전지킴이는 반드시 2인 1조로 근무하고 있으며, 노란 조끼에 근무복 착용으로 멀리서도 한눈에 보일 수 있도록 했다.

이수영 명예기자

중도일보 2018년 1월 26일 금요일

대전

전동휠체어 지원조건 완화 절실

빈곤층 구입·유지비 부담 호소
고령노약자·장애인 제외 수출
지원체 확대 이동권 보장 시급

장애인들의 이동수단인 전동휠체어가 빈곤층 노인들에게는 경제적인 부담으로 작용하고 있어 대책마련이 시급하다는 지적이다.

정부에서 지원하는 전동휠체어는 의료급여자 중 일정 기준 이상의 장애 기준에 해당하는 사람에게 최대 209만원까지 지원하고 있다.

그러나 이 같은 까다로운 조건으로 인해 거동이 불편한 고령이 노약자와 기준에 미흡한 장애인들에게 지원이 안 되고 있어 이들에게도 지원이 필요하다는 여론이 대두되고 있다.

주민 박 모(83·서구 한우리아파트)씨는 "장애 5급 판정을 받았으나 해당이 없어 고가의 중고 전동휠체어를 구입해 사용하고 있는데, 충전을 해도 10km 이내 부에 운행이 안되는 등 불편이 많다"고 하소연했다.

배터리 교체비용도 30여만 원에 달해 빈곤층 장애인들에게는 큰 부담으로 작용하고 있다.

이에 따라 거동이 불편한 고령이 장애인들에게도 전동휠체어 지원체를 확대해 이들의 이동권을 확보해 주어야 한다는 목소리에 귀를 기울여야 한다는 지적이 설득력을 얻고 있다.

이수영 명예기자

중도일보 2018년 6월 8일 금요일

무료 영정사진 찍어주는 실버작가

오영재 회원 "남은여생 봉사 계속"

오영재(75·사진) 사진 작가가 무료로 영정 사진을 찍어주고 있어 회원간의 훈훈한 정을 느끼게 하고 있다.

오 작가는 "대전시 행정동우회원 350여명과 70세 이상 어려운 노인들에게 무료 영정사진을 제공할 계획"이라고 말했다.

오 작가는 젊은 시절부터 지금까지 결혼, 칠순, 팔순 등 가족행사 시 기념촬영을 해주고 있으며, 동우회원 100여명에게는 이미 영정사진을 무료로 제공한 바 있다.

오 작가도 나이가 적지 않아 이 일이 수월하지만은 않지만, 앞으로 남

은여생 지속적으로 활동할 계획이라고 의지를 다졌다.

오 작가는 대전시에 40여 년간 공직으로 근무해오다가 15년 전 퇴임해 사진작가로 활동해 왔다. 그러면서 봉사직인 예술인 단체 대전시 사진작가 협회 회장직을 지냈다.

그동안 오 작가는 전국사진 작가 신인 발굴은 물론, 동호회 및 심사위원 등 왕성한 활동을 해왔으며, 향후 사진으로 본 대전의 변천사를 기록으로 남기고 싶다고 당찬 포부를 밝혔다.

이수영 명예기자

[대전] 환자와 함께한 15년 베테랑 요양보호사

- 건강한 모습으로 퇴원할 때 가장 큰 보람 임종실로 떠날 때 가장 가슴 아파 슬픔의 눈물도 함께
- 특히 어려운 환자를 마다하지 않고 척척 간병에 주력

김삼월 여사는 15년 전인 2009년, 가정에 어려움이 닥쳐와 어린 두 남매를 키우기 위해 이 길을 택한 후 지금까지 이어오고 있는바, 인생의 중요한 중년 시절을 가정보다도 환자들을 위한 요양보호사로서 헌신하면서 내 가정의 보살핌은 뒤로한 채 그 세월을 병원에서 오직 환자들을 위해 일해 왔다.

요양보호사란 이 직업은 24시간 환자 곁에서 밀착해 한순간도 떠날 수 없는 특수한 직업인으로 그 정신이 매우 투철해야만 하고 사실상 가정생활은 두 번째로 생각해야 한다고 말하고 있다.

규정에는 유급휴가가 월 2회는 있으나 위급한 환자나 거동이 불편한 장기 두

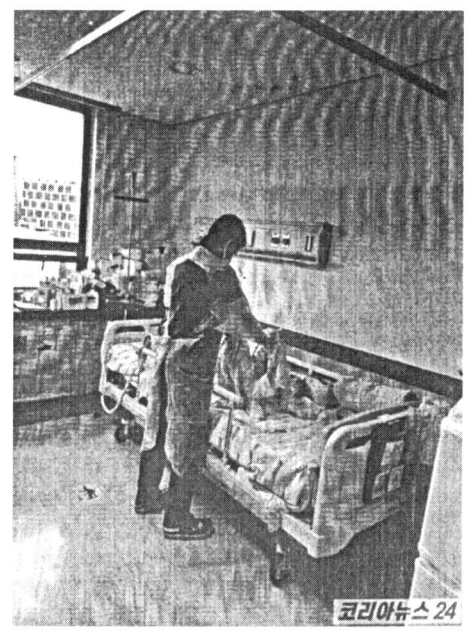

[대전=코리아뉴스24] 이수영 기자 = 올해 요양 보호사 일을 시작한 지 어언 15년째 맞는 김삼월(63) 여사는 주로 충남대학병원에서 근무하면서 소속사인 보현으로부터 칭송이 자자하다.

병 환자는 한시도 곁을 떠날 수 없기에 그 애로는 이루 다 말할 수 없을 정도다.

가장 어려운 환자는 격리돼 1인실에서 요양하는 환자로 환자의 고통을 지켜보고, 아파하는 신음을 들으며, 소대변 시중을 비롯해 환자의 투정과 신경질적인 반응은 참으로 견디기 어려운 순간이 많았다고 한다. 하루라도 자리를 비우려면 대신해줄 사람이 있어야 하는데, 그것 또한 여의치 않다.

이 생활을 하다 보면 가족과 함께하고 싶은 명절에도 함께하지 못하고 그저 두세 시간 짬을 내어 가족들의 얼굴만 보고 다시 환자 곁으로 복귀해야 하는 실상 극한 직업이라고도 할 수 있다.

그래도 이러한 생활 중 보람된 것이 있다면 환자가 완전히 회복되어 건강한 모습으로 퇴원 인사를 주고받을 때이며, 가족들로부터 고맙다는 극진한 인사말에 보람을 느낀다고 말했다. 반면, 가장 슬플 때는 환자가 죽음의 길에 임종실로 떠날 때는 가족과 함께 서글피 울기로 한 것이 한두 번이 아니었다고 눈시울을 적셨다.

김 여사는 불자로서 부처님의 자비 정신을 바탕으로 모든 이의 마음에 감사와 보시의 역할을 다하고 있으며, 이토록 어려운 환자의 간병은 남편, 아니 아내 또한 자식들도 못 하는 일을 내가 할 수 있다는 풋풋한 마음과 정신으로 항상 환자 곁을 떠나지 않고 지키겠다고 말했다.

이수영 기자 | Sooyoung1271@hanmail.net

[대전] 임성일 대전온누리신협 이사장 재선 성공

기사입력 2024-02-18 08:56

【 대전=코리아뉴스24 】이수영 기자 = 어제(2월 17일) 실시한 대전온누리신협 이사장 선거에서 현 임성일 이사장<사진>이 재선에 성공하면서 앞으로 4년간 대전온누리신협을 이끌게됐다.

임성일 이사장은 지난 4년간 무난하게 대전온누리신협을 이끌어 재선에 성공했다는 평가다.

한편, 임성일 이사장은 "그동안 코로나 등으로 인해 실적이 다소 부진했다"고 겸손을 표하며, "올해부터는 배당금 5% 이상의 실적을 달성하겠다"고 포부를 밝혔다.

이어 그는 "우리 조합원들의 성원에 감사한다"며, "최선을 다해 대전온누리신협 발전을 도모하고, 조합원들의 복리 증진에 힘쓰겠다"고 각오를 밝혔다.

이수영 기자 | Sooyoung1271@hanmail.net

[저작권자 ⓒ 코리아뉴스24, 무단전재 및 재배포 금지]

시민기자

 사진과생각 황혼을 즐겁게

유성노인복지관 재능 나눔 지원

유성구노인복지관은 지난달 23일 오후 3시 복지관에서 65세 노인 어르신 50명을 대상으로 노은재능나눔 활동지원 사업인 '황혼을 즐겁게'라는 프로그램 직무교육을 갖고 본격적인 활동에 들어갔다.

향후 3개월 동안 다양한 재능 나눔 활동과 남녀노소 구분없이 '프로보노'(라틴어로 '공익을 위하여'라는 의미) 활동을 펼칠 계획이다. '공익을 위한 황혼의 즐거운 나눔'을 기대해본다.

이수영 시민기자

[대전] 시정발전 회원 포럼 열려

【대전=코리아뉴스24】이수영 기자 = 지난 4일 대전광역시 행정동우회 주최 '시정발전 회원 포럼'이 회원 100여 명이 참석한 가운데, 옛 도청사 회의실에서 열렸다.

이날 강원조 행정동우회장은 인사말을 통해 시정의 발전 방향과 미래 계획에 대해 깊은 찬사를 보낸다고 말했다.

이날 대전시에서는 지난여름 대전 0시 축제 개최에 따른 일류도시 대전의 저력을 확인했다고 보고하면서 93년 대전 엑스포 이래 단일 행사로는 최대의 방문객을 기록한 100만 명 이상의 관람객이 다녀갔다고 말했다.

특히, 원도심 경제 활성화에 약 565억 원 이상의 경제 효과에 활력을 불어넣었으며 행사 기간 내에 안전사고가 한 건도 발생하지 않았으며, 해외문화교류 강화에도 이바지했다고 강조했다.

이후 세계적인 축제로 성장 가능성을 확인했다고 하면서 미흡한 점을 점차 보완해 나가겠다고 약속했다.

질의에 나선 이 모(78세) 회원은 행사 기간이 너무 길고 또한 화장실 문제, 교통 대책 등이 아주 불편한 데 대해 지적했으며, 또한 단체 숙박 문제를 해결해 대전 인근 관광 코스로 연결해 줄 것을 건의했다.

한편, 이번 포럼에 참석한 김 모(82세) 회원은 이같이 중요하고 큰 행사에 대전시에서 책임 있는 책임자급이 참석해 상호심도있는 포럼이 진행됐으면 시정 발전에 미약하나마 도움이 됐을거 같은데, 실무자급인 팀장이 참석해 보고와 질의와답변에 나선 것에 대해 다소 아쉽다고 말했다.

이수영 기자 | Sooyoung1271@hanmail.net

화장실 없는 고속버스 둔산정류소 '불편'

**인근 화장실 길건너야 사용가능
매표도 무인… 출발 안내도 없어**

대전 서구 둔산동 샘머리아파트 옆 대로변에 위치한 대전청사 고속버스 둔산정류장 실내 대기실에 화장실이 없어 이용자들이 불편을 호소하고 있다.

어느 이용객은 화장실이 너무 멀게 있어 급한 용무에는 꼭 실수하기 좋겠다고 볼멘소리로 말했다.

화장실은 길 건너 정부청사 북쪽의 공원 내에 공중화장실이 있으나 이곳 정류장에서 화장실까지는 약 200m 이상 떨어져 있고, 그것도 직선거리가 아닌 곡선으로 6차선 대로를 건너야 하며 신호대기까지 해야 하는 불편이 있다.

특히 노인들과 용무가 급할 때는 참으로 어려운 실정으로 이곳 정류장을 이용해 본 사람들은 모두 불편함을 말하고 있다.

이곳 정류장에서는 서울, 광주, 전주 등 3곳의 승차장으로 서울 첫차는 오전 6시부터 밤 11시까지 하루 33회를 운행 중이며, 광주 23회, 전주 25회 등 총 81회를 운행 중으로 많은 승객이 이용하고 있다.

또한 이곳 정류장은 1일부터 제반 사항이 자동화되어 무인 정류장으로 탈바꿈해 반드시 카드로만 승차권을 구매해야 하는 한편, 출발과 예정 시간 안내 방송은 물론, 문자로 된 LED 전광판 표출도 없어 나이 많으신 어르신들이 많은 불편을 겪고 있다.

이수영 명예기자

찬바람 불때 딱! 추어탕 맛집 어디?

**문화동에 위치한 '평화추어탕집'
탕·튀김 일품… 저렴한 가격 매력**

대전 중구 문화동 한밭도서관 후문쪽에 자리잡고 있는 평화추어탕집을 이곳에서만 10여년을 운영하고 있는 김사장은 지금 한참 제철의 맛을 느낄 수 있는 추어탕과 미꾸라지 튀김, 또한 우렁추어탕을 겸비하고 있다. 맛집하면 빼놓을 수 없는 가을의 진미 추어탕과 추어튀김이 있다.

특히, 추어튀김은 주문즉시 살아있는 것을 직접 튀겨 갖가지 양념의 특별한 소스로 요리를 해서 미식가들의 입맛을 사로잡고 있다.

이어, 김사장은 내 집을 찾은 손님들이 "맛있게 잘 먹었다"고 칭찬해 줄때가 제일 보람을 느낀다고 말하면서 어르신들에게 각별한 공경심이 있어 80세 이상 노인들에게는 아주 저렴한 가격으로 제공해 드리고 있다고 말했다.

독특한 맛을 김사장만의 노하우비법으로 요리하고 있어 이곳을 자주 찾는다는 신흥마을 아파트 임모(81)씨는 다른 식당보다 월등히 맛이 좋고 내 입맛에 딱 맞아 영양식으로 먹는다고 말하면서 노인들에게 할인해주어 더없이 고맙다고 칭찬을 아끼지 않았다.

김은숙 명예기자

수통골 문학회 정기총회 개최 > 사회·문화 뉴스

koreanews24.co.kr/bbs/board.php

지난 28일 수통골 문학회(회장 김선호 65)가 중구 모식당에서 회원 50여명이 참석한 가운데, 올해 정기총회를 개최하고 기념사진을 찍고 있는 모습

【대전=코리아뉴스24】이수영 기자 =지난 28일 수통골 문학회(회장 김선호 65)가 중구 모식당에서 회원 50여명이 참석한 가운데, 올해 정기총회를 개최했다.

이날 김선호 회장은 인사말을 통해 회원 상호간의 친목과 건승을 함께하며, 앞으로 어려운 이웃을 돕고, 특히 수통골 정화사업에 온 힘을 기울이자고 말했다.

또한 86세라는 늦은 나이에도 불구하고, 시인에 등단한 늦깎이 이석진 회원의 축하자리도 마련됐다.

수통골 문학회는 한밭대학교 평생교육원 글쓰기 길라잡이로 구성된 문학동아리로 지난 2000년도에 창단해 지금까지 20여년간을 문학의 인식과 폭넓은 공유를 위해 활동해 왔다.

또한 새롭고 참신한 문인을 발굴 육성하는데 중점을 뒀으며, 지난 2003년 수통골연가 1호 발간을 시작으로 현재 14호가발간된 상태다.

수통골연가 지봉학 홍부위원장은 대전 제1의 문학동아리로 발전시키기 위해 수통골의 더 많은 홍보는 물론, 참신한 신인발굴, 아름다운 환경 조성 등 사회공헌 활동에 주력할 방침이라고 포부를 밝혔다.

5장 _ 내가 만난 화제의 인물들 227

[대전=코리아뉴스24] 이수영 기자

☐ 최근 대전시는 안전 및 친절 모범 운수종사자 8명에게 표창장을 수여했다.

이날 표창을 받은 금남교통 101번(3333호) 시내버스를 운행하는 하현석(42) 기사는 "이번에 모범 친절기사로 선정돼 상을 받게 돼 대단히 기쁘다"며, "앞으로도 더욱 승객을 위해 친절한 응대로 최선을 다하겠다"고 말했다.

대전시에서 연 4회 운수종사자의 사기와 긍지를 심어주기 위해 표창을 실시하는데, 각 회사로부터 먼저 추천을 받아 대전시 버스정책과에서 실사 후 평가 심의해 선별 결정한다.

한편, 대전시내의 대중교통은 총 13개 회사에서 104개 노선으로 하루 1,000여대의 시내버스가 운행되고 있으며, 하루 이용객은 약 38만여명에 이른다.

이수영 기자 | Sooyoung1271@hanmail.net

행정동우회 '100대 핵심과제' 로드맵

올해 시정발전 성과 포럼
투자청 필요성 등 설명해

대전시 행정동우회(회장 강원조·84)는 7일 옛 충남도청 대회의실에서 회원 110여명이 참석한 가운데, 올해 시정발전 성과 포럼을 진행했다.

이날 강 회장은 인사말을 통해 올해를 마무리하면서 그동안 코로나19로 개최하지 못했던 본행사를 대전시의 후원으로 개최하게 된 것을 매우 뜻깊게 생각한다고 언급하고, 회원님들이 시정발전 방향에 깊이 참여해 주신 데 대해 감사의 인사를 전했다.

이에 앞서 식전 공개 행사로는 장광석 단장이 지휘하는 시립청소년 대학부 합창단의 찾아가는 음악회 무대 공연이 진행돼 회원들로부터 많은 박수갈채를 받았다.

대전시에서는 김경일 기획팀장이 민선 8기 시정성과와 방향, 그리고 앞으로의 일류경제도시 발전상에 대한 종합적인 설명이 이어졌다.

특히 현존하는 대전의 인구 구조의 변화에 대해서는 탈대전 현상이 가속화돼 급격한 인구 감소세가 두드러지게 나타나고 있어 이에 대한 방지 대책이 시급하다고 전제한 뒤, 이러한 추세로 가면 앞으로 30년 후인 2050년에는 대전의 인구가 125만명으로 감소할 것이라는 전망도 내놓았다.

또한 미래전략 선도를 위해 반도체산업과 대전투자청 설립 등이 시급하다고 설명했으며, 일류경제 도시를 만들기 위해 문화와 미래산업을 통해 상생과 균형도시의 100대 핵심과제 비전을 집중 육성하겠다고 말했다.

아울러, 현충원역 부근에는 원호 대상자를 위한 제반 편의시설을 확충하고, 일자리 창출과 콘텐츠 산업 개발을 구축하겠다는 시정 방향도 제시했다.

이날 질의에 나선 이모씨 등 회원 3명은 주차 단속 문제와 도시철도 2호선 착공시기 등 대중 교통에 대한 질문을 이어갔다.

이에 대해 김 팀장은 주정차 단속 문제와 관련해서는 행안부와 협의할 사항이 있다고 답변했고, 도시철도 2호선 착공은 내년 말 착공할 계획이며, 2027년 말 준공 예정이라고 답했다.

이수영 명예기자

[대전] 한산모시문화제 개최

【대전=코리아뉴스 24】이수영 기자 = 서천군이 주최하고 추진위원회가 주관하는 한산모시문화제가 오는 6월 7일부터 9일까지 3일간 한산모시관 일원에서 개최된다.

올해로 34회를 맞는 이번 행사는 '새로운 틀을 짜다'라는 슬로건으로 전통 지역문화의 맥을 잇는다.

한산모시는 1,500년의 역사로 특별한 아름다움을 자랑하는 핵심교역품으로 삼국시대부터 조선시대에는 왕실에서 주로사용돼 왔다.

유네스코 인류무형 문화유선으로 등재된 한산모시문화제는 중요 무형 국가유산 제4호로 지정됐으며, 또한 문화관광축제로 선정돼 대한민국 대표 축제로 자리매김을 다하고 있다.

지난해 개최된 한산모시문화제는 13만 명의 관람객이 다녀갔으며 올해는 20여만명이 참여 할 것으로 예상된다.

한편, 올해 축제 기간 중인 6월 8일 오후 3시에는 한산초등학교 운동장에서 KBS 전국노래자랑 서천군 편이 펼쳐질 예정이다.

이수영 기자 | Sooyoung1271@hanmail.net

[저작권자 ⓒ 코리아뉴스24, 무단전재 및 재배포 금지]

제2의 인생, 자원봉사로 보람되게

이수영 배움터 지킴이 화제
공직 퇴임 13년째 근로활동

대전시에서 공직으로 퇴임한지 13년을 맞고 있으나 지금까지 한 달도 쉬고 일하지 않고 일하는 보람에 살고 있는 사람이 있어 화제다.

화제의 주인공은 서구 갈마동에 거주하는 이수영(73·사진)씨다.

이 씨는 공직에서 퇴임 후 제2의 인생을 일하는 즐거움으로 살아가 대전 시내버스 운송 사업조합 전무이사로 일하면서 종이 승차권 대신 현재 카드시행으로 환승제도와 중앙차로선 등의 실적을 남겼으며 대전시문화연합회 사무처장과 대청불교신문 취재기자, 용역회사 관리이사 등을 거쳐 고등학교 배움터지킴이와 초등학교 꿈나무지킴이로서 어린이 선도와 학교폭력 예방에도 일조하고 있다.

또한 선거 때면 선거부정선거 감시단과 대전지방법원장이 위촉한 소년 자원보호자로 청소년범죄 확산 방지와 예방과 상담으로 2차 범죄를 미연에 방지하는데 앞장서 왔다. 이 뿐만 아니라 국립중앙박물관과 한밭도서관, 한밭수목원등의 종합안내소에서 자원봉사활동으로 지난해 대전 시장으로부터 금장을 수여받기도 했다.

특히 이씨는 뛰어난 글재주로 지난 칠순에는 본인 공직생활의 역경을 담은 자전적 엣세이집 '날개 꺾인 별공 새'를 출간했으며 지금도 지속적인 문예활동으로 몇 년 후에 돌아올 팔순에는 제2집으로 '내 인생의 속도'를 출간할 예정이라고 밝혔다.

지금도 초등학교에서 꿈나무지킴이 자원봉사를 하고 있는 이씨는 중도일보 객원기자와 시민기자를 거쳐 노인신문 명예기자로 10여 년을 활동하며 노인들의 권익 신장과 보호, 복지증진을 위한 보도기사와 노인일자리 촉구 및 대책, 노인들의 대중교통 이용에 대한 불편한 점을 지적해 시정요구를 했다.

장수시대를 맞아 분주히 발걸음을 재촉하는 이씨의 '일하는 보람과 함께 사는 뒷모습이' 활기와 열정이 넘쳐 보였다. 이길식 명예기자

2018년 4월 27일 금요일 중도일보

대전

꿀나무지킴이 근무여건 개선 시급

봉사직이지만 임금 작고 2년으로 제한
중등배움터지킴이와 업무·보수 차별

대전시내에는 총 147개 초등학교에 511명의 꿀나무지킴이가 노인일자리로 근무하고 있다.

사실상 노인일자리창출이라고는 하지만 봉사직으로 하루 3시간씩 2일간 근무하고, 작은 보수(44만원)를 받고 있다. 이마저도 2년 이상은 근무하지 못하도록 규정돼 있다.

그런데 같은 일을 하면서도 중등교는 303명이 하루 8시간 근무하고 월 90만원 정도의 보수를 받고 있으며, 10년 이상 지속적으로 근무일자리로 이어지고 있다.

는 불평등이 이어지고 있다.

중등학교도 망호 취지와 달리 지금은 하는 일도 독같은 학교폭력에 대한 및 정문에서 출입자 기록과 학생 등하교 교통지도뿐이다.

특히 지난달 서울 방배초등학교에서 발생한 초등학생 인질 사건을 계기로 초등학교에서도 꿀나무지킴이 보완책 마련이 절실해 학교 현실태를 보면 허점이 많다. 또한 초등학교 중에서 하루 꿀나무지킴이 명원이 대대수 반대하고 있다는 명원이 대대수다.

대전의 한 초등학교에 근무하는 꿀나무지킴이 김 모(74)씨는 "학교 보안관이나 지킴이가 수십 명 근무한다고 해도 아무런 소용이 없을 거라고 말하면서 학교시설이 근본적인 보완책이 절실하다"고 강조했다.

이는 학교 출입자도 없고 자장출 입구가 정문이 아닌 후문 또는 어느 곳이든지 수시로 드나들 수 있는 곳도 있어 현재의 열악한 시설로는 출입자 통제 업무에 한계가 있을 수밖에 없다고 지적한다.

그렇다고 건물 내의 출입문을 잠그면, 소방법에 위배되며, 학교에 출입하는 민원인의 신분증을 검사하는 것도 아니고, 본인이 직접 방문에 장애 기록하면 방문증을 내어 주는 형식적인 절차 뿐이라는 것.

또한 교직원이 힘들도 잘 몰라 하고 선생님이라고 하면 그냥 통과하고 있는 실정으로 허점이 많은 상황이다. 이 때문에 학생의 안전을 위한 교육당국의 근본적인 대안책 마련이 더욱 절실이 요구된다.

이수영 명예기자

2018년 10월 26일 금요일 중도일보

지난 10월 14일 유성구 노인복지관(관장 류재룡) 전천우구장에서 노인사회 활동 참여자 250여명이 참석한 가운데 화합잔치 한마당 행사가 열렸다.

유성노인복지관 화합잔치 한마당

공굴리기·신발양궁 등 행사 다채

지난 10월 14일 유성구 노인복지관(관장 류재룡) 전천우구장에서 노인사회 활동 참여자 250여명이 참석한 가운데 화합잔치 한마당 행사가 열렸다.

이날 류재룡 관장은 인사말을 통해 "지금 여기 계신 어르신들이 일궈낸 지난 업적이 현 시대에 나타나고 있다"고 말하면서 "오늘 이 단합대회를 통해 어르신들의 건강과 화합으로 즐거운 한때를 보내시길 바란다"고 말했다.

어르신 화합잔치한마당은 어르신들이 할 수 있는 게임으로 큰 공굴리기, 볼링공농구, 신발양궁 등 진행됐다.

참여어르신 중 신성동 거주 한 모(83) 할머니는 "오늘처럼 웃고 즐겁고 재밌는 화합잔치는 전에는 없었다"며, "오늘 20년 더 젊어진 거 같다"고 말했다.

또한 오늘 화합잔치한마당을 통해 노인사회 활동지원사업의 소속감을 더욱더 굳건히 다졌으며, 이러한 사업이 황혼인생에 다정한 벗의 속삭임의 기회가 돼 매우 좋았다는 평가다.

강태이 팀장은 "내년에도 지속적으로 더욱 더 확대해 더 많은 어르신들이 참여할 수 있도록 할 계획"이라고 포부를 밝혔다.

이수영 명예기자

大淸佛敎

- 소개해주고
- 격려해주고
- 신행을 이끌어주는 불교 소식지

대전·충청남북도 불교신문

대전광역시 동구 정동 31-41번지 2층 대표전화:(042)254-9877/255-4618   2007년 4월 25일

천년고찰 마곡사 제4회 신록축제 성황
부처님의 자비로 온누리를 평화롭게

제4회 대한불교 조계종(주지 진각)마곡사 신록축제가 지난 4월 21일부터 22일까지 충남 공주시 사곡면 운암리 마곡사 경내에서 "부처님의 자비로 온누리를 평화롭게"라는 테마로 전국 사찰주지 스님과 각계기관장 및 특히 멀리 네팔 왕실국립무용단원과 사부대중 1,000여명이 자리를 함께해 성대히 개막식을 가졌다. 이날 주지 진각스님은 환영사를 통해 오늘 이자리에 참석하신 모든 분들은 잠시라도 근심 걱정없이 행복한 시간을 보낼 수 있도록 하시기 바라며 다양한 사찰체험 프로그램에 참여하여 온가족이 즐겁고 소중한 시간을 가질 수 있기를 진심으로 환영한다"고 말했다.

이어 김수진 신도회장은 축사를 통해 오늘 자리를 빛내 주신 모든이에게 감사를 전하고 슬픔과 고통을 함께 나누는 진정한 이웃과 친구가 되길 바라며 정이 넘치는 신록축제가 되길 기대한다고 말했다.

또한 멀리 네팔 왕실 국립무용단의 특별 초청공연과 영산재 및 정현스님의 불화퍼포먼스가 있었으며 저녁에는 국내정상급 인기가수 이은하 초청공연이 함께 이루어졌고 사곡면 장기자랑 및 주민노래자랑등 다채로운 행사가 펼쳐졌다.

취재 : 본지 이수영 이사 >

덕숭총림
제20대

지난 4월
제20대 주지
이날 대학
님등 대덕들
리에서 옹산
136주년을
살하고 민족
게 맞서서.

2017년 5월 26일 금요일 중도일보

빈곤층 노인문제는 정부 책임

노인복지 정책 OECD 최하위권
새정부 '실버 일자리' 최대 과제

대전역 광장에 삼삼오오 모여있는 노인들.

과거 국가가 빈곤층 위해 노력해 온 연자가 70~80대 노인들.

격동의 시대를 살아오면서 커다 막고난기도 함들었던 시절, 많은 자식들을 가 고 가진치도 않은 경제적으로 여유가 없는 이들 에 대한 미주는 오늘날 부족한 실정이다. 우리나라 노인복지 경제는 OECD 국가 중 최 하위권에 속한다. 그래도 현재의 노인 활동인구 는 5%는 될다고 하나 그나마 다행스럽다.

또한 복지관과 경로당을 활용하는 노인은 19%이며, 그 외에는 일과 지도도, 공원 등을 따 돌며 외로움과 슬픔 속에서 하루하루를 보내고 있는 것이 지금의 현상이다.

이제는 국가가 책임지고 노인문제를 해결해

야 한다. 이번 정부에서는 대 재벌 개혁을 통해 희망하는 노인들에게는 누구든지 일할 수 있도 록 일자리를 제공해 주는 것이 곧 한 정부가 해결 해야 할 최대 과제다.

또한 복지사각지대에 놓인 차상위 계층 노인 들에 대한 대책 마련도 시급히 요구된다.

70대 이상 노인들에게는 병원지료비와 앓 을 변에 있으로 집담사켜 주어야 하며, 환해 한자 는 국가가 치료해 주어야 한다.

뉴질랜드에서는 65세 이상 노인들에게 우리 나라 돈으로 140만 원 정도의 생활 수당을 지금 하고 있다. 그것도 부부가 함께 살아있으면 280 만원이 10%을 더 가산해 준다.

노인들을 거리들 내몰지 말고, 일터와 복지 관, 경로당을 활용 할 이용할 수 있게 만들어야 한 다. 그러기 위해서는 복지 시설을 다앙화하여 대형복지관을 건립해야 한다.

또 복지관에 출근하는 노인들에게는 일정량

수당을 지급하고, 식사를 제공해야 한다. 노 인복지가 바로 국가 성장이요, 경제 활성화이기 때문이다. 노인들이 지금을 일 할 수 있도록 해야 한다. 정미及 복지 정책보다는 실질적인 혜택이 작은 복지를 실천해야 한다.

70세 이상이면 시내버스와 공원 등도 무료로 제공하고, 수당도 30만 원 정도는 지급해 주어야 한다. 지금은 100세 시대가 좋은 것인가? 115세 된 부부가 90세대 자식이 먼저 죽는 첫을 슬퍼한 다 시대다.

그녀나 한편으로는 목숨만 부지하고 병원에 서 5년 아니 10년 이상 누워있는 노인들 병원에 의 눈을 뜨면 갈 곳 없는 외로운 노인들에게 맞 춤형 일자리를 제공에 건강하고 보람있는 노 인들 맞이하게 해야할 필요가 있다.

노인들에게 남은 생을 잘 마칠 수 있도록 해 주는 것이 국가가 해야 할 최우선 노인복지정책 이다.
이수필 명예기자

2023년 7월 14일 금요일 **중도일보**

어르신들께 봉사하는 둔산동 '멋집' 화제

대전시청 앞 남성컷트 전문점
이재욱 원장 10년째 미용봉사
80세 이상은 저렴하게 제공
"여건 좋아지면 무료로 할 것"

80세 이상 노년층에게 봉사하는 미용실이 있어 지역사회에서 귀감이 되고 있다.

대전 서구 둔산동 시청 앞 남성컷트 전문점 미용실을 운영 중인 이재욱(55) 원장이 그 주인공.

10년째 이 자리에서 미용실을 운영 중인 이 원장은 남성들의 자기 다운 얼굴특성에 맞게 디자인하는 솜씨로써 다양한 모습으로 연출하고 있으며, 한편, 80세 이상 노년층에게는 아주 저렴한 가격으로 봉사하고 있어 어르신들로부터 칭찬을 받고 있다. 학생은 7000원 일반인은 9000원을

대전 서구 둔산도 시청 앞 남성컷트 미용실 전경.

받고 있는데 모든 고객에게 친절한 서비스와 함께 요즘 유행하는 신세대 청년들의 이용기술개발로 젊은이들에게는 예술적인 '멋'을 추구하고 있어 인기를 얻고 있다.

동구 판암동에 거주하는 이 모(82)씨는 "벌써 5년째 이곳만을 이용한다"면서 "이발 후 기분이 상쾌하고 마음대로 들고 자식들보다도 더 친절하게 대해 준다"고 말했다.

이 원장은 "여건이 조금만 더 좋아지면 80세이상 어르신들께는 무료로 제공할 생각"이라고 말하면서 입가에 미소를 띠었다. 이수영 김은숙 명예기자

2017년 7월 14일 금요일 중도일보 10

땡볕에 땀 뻘뻘… 대전 대중교통 정책 '부실'

시내버스 승강장 27% 지붕없어 '불편'
가로수 의자 없는곳도 있어 개선 시급

대전시의 대중교통정책은 덤위에 있는가.

대전시내버스 승강장은 총 2214곳(2016년 말 기준)으로 이중 27%에 해당하는 595곳이 아직까지 무개념장으로 이용자들의 불편이 이어지고 있다. 이로 인해 요즘 같은 무더운 날씨에 가로수조차 없는 승강장에서 노인들이 오랫동안 기다리다는 점에서는 우려스러운 점이 많다.

특히 중구 용두동 중도일보사 앞 우성병변 승강과 유성시외버스정류소 승강장을 이용하는 시민과 노인들의 원성이 이만저만이 아니다. 중구 용두동에 거주하는 김 모(84) 옹은 "의자라도 설치해 찾으면 좋겠다"며, 대전시의 대중교통 정책에 분통을 터뜨렸다.

또한 유성장남 농촌노인들이 보따리를 들고 주로 이용하는 유성시외버스정류소 승강장에 의자 설치를 시에 건의했으나 아직까지 조치가 안됐다는 것. 더욱이 시원이 다니는 인도까지 안전 불법주차로 불편을 겪고 있다고 불만이 높은 실정이다.

이 같은 대전시의 안이한 대중교통 정책이 대중교통 이용을 저조하게 한 몫 하고 있다는 지적이다. 이 때문에 대중교통시설의 확충과 보완이 시급한 실정이며, 승강장의 교통 무부실에 대한 단속이 절실한 이유이다.

한편, 시 관계자에 따르면, "매년 유개승강장을 30여개 씩 설치하고 있으나, 예산이 부족해 사업 확대에 제한이 많다"고 답했다.

이수앙 명예기자

무더운 여름 햇빛을 가림 승강장이 마련되지 않아, 이용객들이 큰 불편을 겪고 있다. 사진은 유성시외버스 정류장 모습.

5장 _ 내가 만난 화제의 인물들 237

2018년 5월 11일 금요일 **중도일보**

나들이도 하고 청소도 하고
노인회원 환경정화활동

대전시 행정동우회(회장 강완조) 노인회원 150여명은 지난 2일 봄맞이 환경 정화활동에 나섰다. <사진>
회원들은 중남 서천 서면 동백나무 숲과 홍원항을 찾아 활동을 했는데, 이는 회원간 친목 도모를 위해 관외지역으로 선정했다.
이경희(72세) 사무처장은 "매년 1회 이상 나들이 환경정화 활동을 행한다"며, "이날 들어오는 길에는 대전시 한밭수목원을 찾아 정화 활동을 펼쳤다"고 말했다.
대전광역시 행정동우회는 대전시 퇴직공무원으로 구성된 비영리 사단 법인체로 등록돼 있으며, 회원수가 350여명에 이른다.
또한 행정동우회는 회원들의 복지 향상을 위한 연중사업으로 국가 및 지방자치 사업 관리관 파견사업, 재능 나눔 참여와 한밭도서관 독서도우미 자원봉사 활동 등을 펼치고 있다.

ㅡ 이수영 명예기자

명예기자단 구성원로

2019년 3월 26일 화요일 중도일보

● 중도일보 20명 위촉장 전달
노수빈·신순남·이길식씨 감사장

2019 대전노인신문 명예기자 위촉식
2019. 3. 22 중도일보사

이수영

2019 대전노인신문 명예기자 위촉식이 지난 22일 오후 2시 중도일보 4층 회의실에서 개최됐다. 사진

이날 최정규 중도일보 사장은 2019년도에 활동할 대전노인신문 명예기자 20명에 대해 위촉장을 전달 했다.

최정규 사장은 이어 지난해 적주마다 금요일자로 발행된 중도일보 실버타임즈에 많은 기사를 작성한 노수빈 명예기자와 신순남 명예기자, 이길식 명예기자에 감사장을 전달했다.

이날 고미선 부장이 명예기자 대상으로 기사작성법에 대해 교육했다.

최정규 사장은 "명예기자 여러분들께서 지난 한해도 중도일보 신문속의 신문 '실버타임즈'를 통해 노인신문을 만들어주신데 대해 감사말씀을 드린다"며 "오늘 위촉되신 명예기자 남들께서도 올 한해 양질의 기사를 멋진 지면을 만들어주실 것을 부탁드린다"고 말했다.

노수빈 명예기자는 감사장을 받은 자리에서 "중도일보 명예기자로 위촉되어 실버타임즈 신문 제작에 참여하면서 매우 큰 보람과 기쁨을 느꼈다"며 "올 한해도 더욱 열심히 활동하겠다"고 말했다.

이길식 명예기자는 "오래전부터 중도일보에 독자로 등을 통해 많은 글을 썼었는데 명예기자로 위촉된 후 더욱 자주 기사를 통해 독자들과 소통을 할 수 있어 기쁘고 즐거워졌다"며 "오늘 감사장까지 주시니 더욱이 감사한 마음"이라고 말했다.

신순남 명예기자도 감사장을 받는 자리에서 "한해 동안 열심히 발로 뛰어다니면서 노인신문 실버타임즈에 제작에 참여할 수 있어서 영광이었다"며 "중도일보에서 관심 지면을 내주시고 노인들을 배려해주시니 고맙고 감사하다"고 말했다.

한성일 기자

2023. 8. 11. 금

통학차량 종사자 안전교육 실시

- 어린이 통학버스 안전교육 확산 운동
- 안전한 교통문화 정착 최우선
- 알수록 쓸모있는 도로지킴이 캠페인과 함께

사단법인 한국교통안전시민협회 이래희 이사장은 지난주 토요일 이번 달 대상자인 통학차량 운전자 및 봉사자 1000여명이 참석한 가운데, 안전교육을 실시했다.

이날 교육에 앞서 최충규 대덕구청장은 봉사자 박찬의 등 6명에게 공로 표창을 수여하면서 인사말을 통해 요즘 자주 발생하고 있는 스쿨존의 어린이 교통사고 예방에 힘써 주시는 여러분께 깊은 감사를 드린다고 말했다.

이어 이래희 이사장은 학교 통학버스 안전운행에 대한 직무 교육과 함께, 음주운전 사례, 도로지킴이 활동 전개 방향, 보이스피싱 사전 예방 등에 대한 교육을 진행했고, 최근 무더위에 회원 여러분의 건강 관리에도 만전을 기해 주실 것을 당부했다.

한편, 한국교통안전시민협회는 국내 유일의 국토부 산하 사단법인 단체이며, 대전통학협회는 대전시에 승인된 사단법인 단체로 현재 대덕구로부터부터 약간의 운영 보조금을 지원받고 있다.

이수영 명예기자

노인일자리 '좁은 문' 대책절실

학교 배움터 지킴이 20대1
일하고 싶은 노인 70% 넘어

그동안 노인일자리 사업 중 하나인 학교지킴이 사업이 올해로 15년차가 됐는데, 올해부터는 사업자체가 변경돼 진입 문이 더 좁아졌다.

이 사업은 처음에는 중등학교 폭력 예방책의 일환으로 지난 2006년부터 서울, 대구, 부산 등지에서 시범적으로 학교폴리스로 시작됐다.

이후, 이듬해 배움터지킴 사업이 전국으로 확대됐으며, 초중등 꿈나무, 배움터 지킴이로 교육청 주관으로 노인일자리로 그 한몫을 다해 왔다. 그런데, 올해부터는 대전시와 교육청과 분리 시행함으로써 노인들의 일자리가 줄어들어 좁은 문으로 변화됐다. 이는 시에서 각 구 시니어클럽에 위탁한 새싹지킴이와 교육청은 종전 그대로 배움터지킴이로 분리했기 때문이다.

특히, 올해부터는 학교당 2명으로 인력을 줄였고, 수당도 40만원에서 70만~80만원으로 대폭 인상하면서 그동안에는 기피하던 60대 초반들이 대거 참여하면서 70대 이상은 설자리를 잃게 된 것이다.

이에 대해 대전 서구 갈마동 신 모(74)씨는 "그동안 지킴이활동을 6년여 간이나 해왔는데, 올해부터는 못하게 됐다"며 아쉬운 심경을 토로했다. 이어, 신 씨는 "5개 학교에 지원서를 내 모두 탈락했으며, 이는 나이 때문이 아닌가 생각한다"며, 씁쓸한 심정을 밝혔다.

이번에 서구 시니어클럽에서 모집한 초등새싹지킴이는 75명 선발에 800여명이 신청해 10대 1의 경쟁을 보였다. 학교별로 두 명씩 모집하는 배움터 지킴이도 심지어 40여명이 몰려 20대 1의 경쟁률과 함께 1차 서류심사에서 탈락될 뿐 아니라 3배수 면접을 보았으나, 70대 이상은 거의 탈락된 것으로 알려졌다.

이수영 명예기자

중도일보 2022년 11월 9일 수요일

서구의 가을 물들인 '갈마을 단풍 거리 축제'

제4회 갈마을 단풍거리 축제 무대에 오른 가야금 병창 공연.
[가야금 병창 : 조아영 단장]

10월 15일 서구 갈마2동 제4회 갈마을 단풍 거리 축제가 3년만에 행정복지센터 일원에서 열렸다.

이날 축제장에는 지역주민과 내빈 단체장, 지역위원, 구청장 등 다수가 참석했다.

갈마을 단풍 거리 축제 박상근(61) 위원장은 인사말을 통해 "함께 한 오늘을 웃음과 화합의 장으로 맞이하게 돼 기쁘게 생각한다"고 말했다. 그러나 개회식 때 관내단체장들을 단상에 자리 배치해 구시대적 발상이라는 지적과, 품바 타령에 다소 저속한 언어가 포함돼 어린이들에게 민망함을 연출하는 등 일부 아쉬움도 남겼다.

이날 주요행사는 깜짝 벼룩시장과 재활용품 교환판매, 농산물직거래장터 우리동네 나눔의 장이 마련됐고, 체험마당에서는 어린이들의 꽃마차, 방방재와 비누 만들기 행사가 열렸다. 불거리로는 주민 숨씨자랑 버블쇼, 태권도 시범, 베이퍼 풍선아트가 준비됐으며, 나도 우리 동네 스타가 되어보는 노래자랑의 시간도 마련됐다.

이수영 명예기자

中都日報

K people 사람&삶

12
2015년 6월 4일 목요일

32년 '별공새'의 작은 자서전

공무원 출신 이수영씨 자전적 에세이 출간

대전시청 퇴직 공무원인 이수영(70·사진) 씨가 자전적 에세이 집 '날개 짧은 별공새'를 출간했다.

날개 짧은 별공새는 이 시가 충남도 행정직 공무원으로 시작해 대전시 공보관실 별정직 사무관으로 32년간 근무하는 동안 2번의 면직과 2번의 복직 과정을 거치는 등 순탄치 않았던 공직생활 일화가 담겨 있다.

이 책은 '인생편지'와 '날개 짧은 별공새의 상자', '가슴속 사연 이제는 말한다', 등 총 5장 400쪽으로 쓰여졌으며, 저자가 바라본 세상에 대한 다양한 현상들이 풍자와 비평 형식으로 소개돼 있다.

특히, IMF 당시 구조조정으로 면직되면서 7년간의 법정 투쟁을 거쳐 복직에 이르기까지의 과정과 자살기도와 우울증 등 인생의 극한 좌절을 맛본 순간에서도 끝내 참고 견뎌 낸 일화는 후배 공직자들에게 지침서가 될 것으로 기대된다.

한편, 도서에 관심있는 독자가 전화(이수영 010-5422-2032)로 신청하면 한정된 수량 범위 내에서 무료로 배송해 줄 예정이다.

정성직 기자

2024년 9월 6일 금요일 중도일보

어르신 사랑방 '도심 속 숲카페'

서구 경성큰마을 정문아래 위치
가격 저렴·진절한 서비스 '인기'
강시장 "편안한 휴식공간 되길"

대전 서구 경성큰마을아파트 정문 바로 아래에 어르신과 중장년층을 위한 숲 속의 카페가 있어 눈길을 끌고 있다. 탁 트인 넓은 공간 옆에는 간막이가 설치돼 있어 아늑한 분위기를 연출, 어르신들에게 더 없는 휴식공간으로 안성맞춤이다.

이곳에서 5년째 운영하는 강 모(62) 시장이 올해처럼 무더운 날씨에 어르신께 쉼터를 제공하기 위해 특별식가지 마련한 것.

특히 80세 이상 어르신들에게는 커피와 주스 등을 아주 저렴한 가격에 제공하고 있으며, 강시장이 직접 일일에 젊은층 고객은 물론 어르신과 중장년층 고객들이 발길이 끊이지 않고 있다.

강시장은 "카페 인근에 대기업의 저렴한 커피숍이 들어서서 경영에 부담은 된다"면서도 "맞게 진정한서비스 등을 경쟁력으로 어르신들의 편안한 휴식공간으로 거듭나도록 노력하겠다"고 말했다. 이수용 기자

대전 서구 경성큰마을아파트 정문 바로 아래 어르신과 중장년층을 위한 숲 속의 카페가 있어 눈길을 끌고 있다.

중도일보 2018년 3월 9일 금요일

앞날이 불안한 노인들

노인들은 왜 앞날을 불안해 할까?

그것은 불확실성 때문일 것이다. 그러나 이 같은 뻔한 물음과 해답에도 뚜렷한 해결책을 내놓지 못하는 이유는 무엇일까?

요즘 인생 100세 시대라고들 한다. 그러나 사실상 노은들의 수명은 길어졌지만, 그에 따른 경제력은 뒤따르지 못한 실정이다.

어느 기관에서 조사한 통계에 의하면, 노인인구 25%는 공직 등으로 연금을 받고 20%는 노후대책과 재산형성으로 잘 돼 있어 걱정 없이 지내고 있다는 것이다. 그러나 나머지 65%는 노후대책이 전혀 안 돼 있어 어려운 생활로 살아가면서도 자식들에게 손 벌리지 않겠다는 마음으로 매년 이맘때 쯤 일자리를 찾아 헤맨다.

공공일자리 월 20만원 정도와 국가에서 지급하는 노령기초연금 20만원으로 그럭저럭 살아가는 노인들도 많다. 그마저도 차상위 계층에게는 혜택이 돌아가지 않는 안타까운 실정이다.

월 수입은 전혀 없는데도 집이 있다는 이유로 노령연금 혜택도 받지 못하고 또한 연금을 받지 못하는 노인은 일자리에서도 제외되는 경우가 허다하다. 이제는 70세가 넘는 차상위 계층에게도 일정 수준이 넘으면 노령연금을 지급해야 한다는 여론이 높아지고 있는 이유다.

오늘날 노인일자리가 많은 것 같지만 실제로는 그렇지 않다. 심지어 월 40만원 정도 지급하는 꿈나무지킴이와 아동지킴이 등 재능나눔사업도 경쟁이 치열하다. 이미 정해져 있거나 나머지 지원자들은 들러리 면접을 치르는 듯한 인상마저 풍긴다는 이야기다.

70세가 넘는 노인들에게도 일자리를 줄 수 있도록 지자체나 국가에서는 공공일자리를 많이 만들어야 한다.

언제 생을 마감할지 모르는 경제활동이 가능한 노령층에게 생산활동을 할 수 있는 기회를 마련해 주는 것이 국가와 사회가 그들에게 주는 마지막 배려가 아닌가 싶다.

이수영
명예기자

[대전] 대전광역시 행정동우회 정기총회 개최

기사입력 2025-03-28 08:38

【대전=코리아뉴스24】이수영기자 = 올해 대전시 행정동우회(회장 강원조) 정기총회가 지난 26일 오전 10시 옛 충남도청 대강당에서 회원 80여 명이 참석한가운데 개최됐다.

이날 강 회장은 인사말을 통해 오늘 참석해 주신 회원 여러분들께서는 80세 이상 고령층인데도 불구하고 건강하신 모습으로 많이 참석해 주신 데 대해 깊은 감사의 말씀을 전한다고 말했다.

아울러, 우리는 선배 공직인으로서 대전시정 발전에 큰 몫을 해야 한다고 강조했다.

그러나, 아쉬운 점은 우리 행정동우회가 날로 운영 상태가 빈약해지고 있으며, 이는 행정가 시장이 아닌 정치인 시장의관심이 없는 것으로 생각된다고 행정가 시장 때와 비교하기도 했다.

이어, 유득원 행정부시장은 축사를 통해 선배님들의 관심과 위로 속에 시정 발전이 가속화되고 있으며, 앞으로 꾸준히 후배인 저희를 채찍질해 주고 많은 관심과 참여를 당부했다.

대전시 행정동우회는 대전시 산하 퇴직공직자 모임 단체로 사무실은 한밭도서관 지하 1층에 자리잡고 있으나 임대료까지 지불하고 있으며, 시비 보조가 지극히 적어 회원의 회비에만 의존 운영하기에는 참으로 어려운 실정에 있으며, 여유자금도 전무한 상태로 향후, 2~3년 후에는 극히 지난한 상태가 우려되는 실정이다.

한편, 현재 회원은 200여 명이며, 연회비는 5만원이다.

이수영 기자 | Sooyoung1271@hanmail.net

[저작권자 ⓒ 코리아뉴스24, 무단전재 및 재배포 금지]

기사입력 2025-04-16 08:34

[대전] 한밭수목원 자원봉사자 봄철 나들이

【대전=코리아뉴스24】이수영 기자 = 지난 15일 대전광역시 자원봉사 단체인 한숲이 회원 80여 명은 전주, 담양, 내장사 등 남부 지역의 수목원과 명승지를 관람·견학했다.

이날 대전시 담당국장은 출발지인 한밭수목원까지 배웅나와 인사말을 통해 "여러 자원봉사 선생님들께서 열심히 한밭수목원을 홍보해 주시고 지켜주시는 덕분에 시정 운영에 많은 발전과 보탬이 된다"고 말하는 한편, "오늘 단 하루지만 유익한 시간과 안전에 유의해 달라"고 당부했다.

이어 한숲이 자치단체 박준영 회장은 "우리 자원봉사자의 역할이 매우 크고 보람된다"고 말하면서 "많은 선생님들께서는 모처럼 즐거운 하루가 되도록 협조해달라"고 말했다.

또한, 이영숙 총무는 쾌청한 오늘 남부 지역에 와보니 하얀 이팝꽃이 활짝 피고 넓은 산과 들은 푸르름으로 가득 차 답답한 마음이 후련해진다고 함박웃음을 지었다.

한편, 한숲이 자원봉사 단체는 한밭수목원 내 관람안내와 숲 해설, 종합안내센터, 동원, 서원, 숲속문고, 열대식물원, 곤충생태계 등에서 100여 명이 순수 자원 봉사에 나서고 있는 서구청 소속 자원봉사 단체다.

이수영 기자 | Sooyoung1271@hanmail.net

[저작권자 ⓒ 코리아뉴스24, 무단전재 및 재배포 금지]

군민참여마당

VOL 402 2025. 05

동백정 연가

이수영(비인면)

그 옛날 초등학교 소풍 갔던
추억어린 내 고향 동백나무숲,

이제는 그리움의 동백정, 소풍 때.

동백꽃 한 송이 몰래 꺾어
양은 도시락 속에 숨겨왔는데,

병 속에 물 담아 꽂아놓으니
하루도 못 가 떨어졌다.

정열의 피꽃 동백은
올해도 어김없이 피어 있건만,

고향 떠난 70년 긴 세월이 지나도
그 시절 그리움만 가슴에 간직한 채
잊지 못할 동백정의 저녁노을은 오늘도 진다.

이수영 기자

대전광역시 한밭수목원 자원봉사활동

나는 2010년부터 현재까지 한숲이 자원봉사단체에 가입 수목원 관람 안내, 해설 등등 주1회씩 무려 15년간을 자원봉사 활동을 해오고 있다.

Section | 객원기자가 뛴다

지방선거 승자와 패자

┃객원기자 칼럼┃

6·2지방선거 당선을 두고 치열한 접전을 펼쳤던 후보들의 당락이 갈리고 당선자들은 1일 취임식과 함께 공식 업무에 들어갔다. 또 선거 분위기에 휩쓸렸던 시민들도 자신의 자리로 돌아가 열심히 살아가고 있다.

하지만 선거법 위반 여부를 놓고 승자와 패자 간 고소·고발이 여전한 것을 보면 아직 싸움이 끝나지 않은 느낌이다. 또한 새로 취임한 자치단체장이 펼치는 정책과 사업, 인사문제 등으로 인해 공직사회도 한동안 술렁일 게 뻔하다.

새 술은 새 부대에 담아야하는 것처럼 새로 입성한 사람들이 열심히 일할 수 있도록 물러날 사람은 물러날 줄 알아야하고 새 사람은 인과 덕으로 포용할 줄도 알아야한다. 더욱이 승자는 주민들의 마음을 읽고 헤아리는데 노력해야 할 것이다.

승자는 가까운 사람들의 이야기만 믿고 정책을 결정해서는 안 될 것이며 소수의 쓴 소리에 귀를 기울이고 소외된 한 사람을 위해 배려할 줄도 알아야한다.

영원한 승자도, 영원한 패자도 없다. 4년 전 지방선거에서 낙마한 염홍철씨가 다시 대전시장에 당선된 것만 봐도 민의가 어디로 흐를지는 아무도 예측할 수 없다.

한번 승리했다고 우쭐할 것도, 한번 졌다고 실망할 것도 없다. 또 승자와 패자는 언제든 뒤바뀔 수 있다.

누구나 2년 후, 혹은 4년 후 주민을 위해 다시 일할 기회가 올 수 있을 것이기에 승자는 늘 겸허한 마음으로 패자에게 따뜻한 미소와 함께 손을 내밀어야하고 주민들과의 약속을 잘 지키는데 노력해야 할 것이다.

/이수영 객원기자

노인들의 경사부조금

사람은 혼자 살수 없기에 어우러져 살아가는 것이 인간사회이다.

인간애, 서로서로 도우면서 특히, 애경사시에는 친지, 동료, 이웃 간에 돕는 것이 바로 부조금(扶助金)이다.

부조금은 우리나라 고유의 좋은 전통문화임에는 틀림없다. 그러나 사실상 노인이 되고 보니 여러 가지로 약간 부담스러운 것만은 사실이다.

과연 부조금(扶助金)이란 무엇을 뜻하는 것인가?

부조금, 사전에는 공무원 연금법상 공무원이 재해 또는 실직한 경우에 부조를 하기 위해 지급되는 급여라고 정의돼 있으며, 사인(私人)과 사인 사이에 길흉사(吉凶事)가 있을시 축하금 또는 조위금을 주고 받는 돈도 부조금이라고 한다.

나는 이러한 제언을 하고자 한다.

청첩장(우편 또는 전화)의 하단에 은행계좌번호를 적어 놓는 것이 서로서로가 편리하다는 주장이다. 그러면 예식장에 가지 않아도 인사치레를 간편하게 할 수 있다. 은행계좌로 보내면 수수료도 없고 배달사고도 없으니 가장 편리한 방법이라고 생각한다.

나도 이번 혼사시 계좌번호를 물어오는 선후배, 동료, 친지가 수십 명에 달했다. 그래서 내가 느낀 점을 다시 한 번 강조하는 것이다.

나는 이러한 내용을 이미 15년 전에 중도일보(2002년 11월 9일자)에 자세히 보도한 바 있으나 그때만 해도 너무 메마른 것 같은 느낌이어서 실행하는 사람이 별로 없는 듯 했다.

그러나 지금은 그때와 다르기 때문에 실행이 가능하다고 보며, 사실상 실리주의 정신에 부합된다고 본다.

실상 축의금 3만원이나 5만원 정도 들고 그저 혼주와 악수 한번 하고, 식당으로 가는 요즘 결혼식 풍경은 혼주를 도와주기는 커녕 오히려 피해(?)를 끼치는 경우도 있다.

앞으로는 혼주 자신들이 솔선수범하여 청첩장은 꼭 보내야 할 사람만 보내고 가족, 친지만 초청해 간결하고, 성스러운 결혼 예식문화가 정착되길 기대해 본다.

이 수 영
명예기자

중도일보

W eekend 객원기자

2013년 6월 28일 금요일 16

지붕없는 버스 승강장 "짐땀나요"

대전 전체의 31% 676곳 달해… 무더위에 승객 고충, 시설보강 시급

방송 정류장표지 달라
일부 노선 혼선 초래

155만 대전시민이 발이 시내버스의 승강장 중 무려 승강장이 676곳 전체의 31.7%에 달해 장마와 폭염 속에 승객들이 고충을 쓰고 있다. 무개승강장은 지붕없는 승강장으로 기둥형태의 노선안내판에 세워져있어 비가 내리나 햇볕가림이 불가능하고 앉을 곳도 없다. 폭염 속에 무더위와 비를 피하기 위한 시설 확충이 시급하다는 지적이다.

27일 대전시에 따르면 5월말 현재 대전시 관내 시내버스 승강장은 총 2134곳. 이 중 무개승강장이 1458곳 나머지 676곳은 31.7%이 무개승강장이다. 구별로는 유성구 무개승강장이 244곳으로 가장 많고 이 동구 206곳, 서구 87곳, 중구 73곳. 대덕구 66곳의 순이다.

무개승강장은 예산 등 여러 가지 이유로 "유개" 시설을 하지 못하고 있지만 "어느 정류장을 고려했다 해도 시내버스를 이용하는 승객의 입장에서는 여간 불편한 다가 아니다. 특히 폭염 속 무개승강장을 이용하는 시민들은 불편이 이만저만 이에 따른 민원도 높고 있기 때문이다.

시민 엄모(65·중구 오류동)씨는 "대전 내가리와 중도일보 승강장에서 유성 쪽

으로 가는 버스를 자주 이용하는데 모두 위 속에 가뜩이 주저 없는 무개승강장에서 20분 내지 30분씩 기다리다보니 대전시 관계자들도 이같은 승객들의 불편함 도대체 알고나 있는지 않가 치밀다. 오늘 같이 더운 날에는 "대중교통 이용활성화를 위해서라도 무개승강장에 대한 시설 보강이 우선돼야 할 것"이라고 말했다.

또한 시내버스 차내 방송안내와 정류장 표지 달리 승객들에게 혼선을 주는 곳도 있다.

차내 방송은 내판문에 입구라고 나오는 오는데 정류장표지는 중플러스 동대전점이라고 표기되어 있는가 하면, 둔산의 한 정류장은 바로 앞 5m 정도에 하이마트가 있는데 그 보다 멀리 100m 가량 떨어진 E마트를 안내주는 표지가 붙어있어 나오고 있다.

무개승강장에서 버스를 기다리던 승객 박씨는 "이 땡볕의 일반자들이 정차하고 있어 버스 타기 위해서는 승객들이 정차와 직생사이로 아슬아슬 뛰어다녀야 하는 형편이다. 시내버스 승강장과 간판부위의 거리가 먼 곳도 적지 않아 시내버스 이용의 불편이 크다고 지적도 있다.

시민 한모씨는 "시내버스 승강에 북부을 주는 나무들이 일치 않은데도 괜히 적은 "나무들"이 하는 것 같이 어렵다"며 "관계당국도 예산 확보 등 나름의 어려움

이 있겠지만 시내버스는 시민의 발인 만큼 우선적으로 투자하고 시설보강이 이뤄져야 할 것"이라고 말했다.

일부 대전시 관계자는 "승객들의 불편을 알기에 매년 50~60곳에 유개승강장을 설치하며 무개승강장을 줄이다 노력하고 있지만, 단계적으로 설치하다보니 순위에 서 밀리는 곳들이 있고 일부 지역은 청소기 힘들거나 상가간판이 제가리지 유개승강장을 설치하지 못하는 경우도 있다"고 설명했다.

이수홍 객원기자

■ 대전시 유개승강장 설치 현황
(2013년 5월말 현재, 단위: 개수)

구별 시설별	계	동구	중구	서구	유성구	대덕구	비고
승강장	2134	433	339	483	568	311	100%
유개	1458	227	266	396	324	245	68.3%
무개	676	206	73	87	244	66	31.7%

252 내 인생의 속도

2018년 2월 9일 금요일 중도일보

'노약자에겐 높은 벽' 버스 승·하차 개선 시급

정거장 정차안해 감땡질땡
느린 걸음에 승차 못하기도

15만 대전시민의 발인 대전시내버스를 이용하는 주 고객은 청소년과 학생, 그리고 노인들이다.
대전시내버스는 하루 1016대가 97개 노선을 평균 17분 간격으로 운행하고 있으며, 대전에 2240여 개의 유·무개 승강장이 설치돼 있다.

한 개의 승강장에는 많게는 20여대가 승차하고 있는 반면 보통 5~6개의 버스가 승차한다.

승객들 특히 노인들은 버스를 타기 위해 중심부에 서 있다 낭패를 보기 십상이다. 대개의 버스가 정거장 앞에 서지 않고 전후방에서 30m 정도 앞이나 뒤에 정차하기 때문이다.

버스를 기다리던 승객들은 버스를 타기 위해 이리 저리 뛰고 걸음걸음 하차가 간신히 타는 경우가 빈번하다.

노인들은 버스에 어렵게 오르면 자리는 젊은 사람들이 다 차지하고 기사는 통명스럽게 빨리 타라고 재촉하기 일쑤다. 때로는 버스 기사가 뒤에서 사람이 뛰어오는 것을 보고도 그냥 출발해 버리는 경우가 종종 연출된다.

이런 이유로 노인들이 불편은 이만저만이 아니다.

때에따라 시내버스도 승강장이 승하차 지점을 지정해 표시하고 반드시 그곳에서 승하차 할 수 있도록 반드시 개선해야 한다는 여론이 높다.

아울러 단말기의 시간이 맞지 않아 불편이 크며 지점은 전부터 있었는데 지금도 시정되지 않고 있다.

그러나 대전시는 올해 말 곧 인상을 위해 벌써부터 여론몰이를 하고 있다.

대전시 당국과 버스운송 사업조합은 요즘 타령만 하지 말고, 시민의 편의시설과 서비스 개선을 위해 자정 노력을 해야 할 것이다.

이수영 명예기자

2024년 10월 25일 금요일 **중도일보**

'노년층 고스톱 열풍' 다시 고개

그동안 잠잠했던 고스톱 놀이문화가 요즘 노년층에서 다시 고개를 들고있다. 특히, 경로당에서 삼삼오오 모이면 점당 10원 또는 100원짜리 놀이가 펼쳐지는 경우를 심심치 않게 볼 수 있다.

이 같은 현상은 노인들에게 마땅한 놀이 문화가 없는 것도 큰 몫을 차지한다.

동구의 모 아파트 김모(70)사무장은 좋은 프로그램으로 취미

경로당 교양 프로그램 소극적
식사 후 한판씩 벌이기 일쑤
사행성 우려 건전한 취미 필요

교실과 교양 프로그램을 실시하려 하나 '그런 것을 이 나이에 배워서 무엇하냐'는 소극적인 반응이라며 현 상황을 설명하고 있다.

특히, 올해 여름에는 더위가 심해 야외 운동이나 교육을 하지 못했으며, 또한 운동에는 취미가 없는 어르신들은 그저 시원한 경로당에서 고스톱으로 즐기려는 경향이 있다고 말했다. 이어 정년퇴임한 노년층들도 이제는 친목모임 단체도 거의 점심 모임으로 변했고, 식사가 끝나면 으레 판을 벌이기 일쑤다.

이 놀이를 즐기는 이모(80)옹은 "한 달에 20회 정도를 하는데, 15회 이상은 손해를 봐 월평균 15만원 정도를 잃고 있다고 푸념하면서도 놀이를 할 때는 아무런 잡념도 없고 시간이 빨리 간다"고 말했다.

한편, 이 놀이는 할머니들도 좋아해 친구들과 모여 점심식사 겸 놀이를 벌이고 있으며, 외지여행 가서도 숙박지에서 밤새워서 하곤 한다.

이 놀이가 치매 예방이 된다는 인식도 있는데, 어느 보도에 의하면 치매 예방에 아무런 도움이 되지 않는다고 한 바 있다.

그러나, 이 놀이는 자칫 사행성으로 다툼의 여지가 있으며, 끝내 좋지않은 선례를 남길 수도 있으니 이 놀이를 잠재우기 위해서는 어르신들 각자의 건전한 놀이문화를 찾을 수 있도록 연구하고, 자제하면서 가급적 새로운 건전한 취미를 갖도록 우리모두 힘쓰고 노력해야 할것이다.

이수영 명예기자

[대전] 자살 예방 선도주자 한상황 회장

생명존중 자살 없는 사회만들기 앞장, 지난해 자랑스러운 인물대상 수상, 지난주 청소년 교육인정 교육감상 수상, 연간 16,000여 명 자살

기사입력 2025-07-25 09:25

【대전=코리아뉴스24】 이수영 기자 = 한국자살 예방교육협회 한상황 회장은 생명의 존엄성에 대한 생명사랑 인성교육에 혼신을 다하고 있다.

우리나라는 경제 대국으로 세계 10위권 안에 포함돼 있지만 자살률은 세계 1위라는 불명예로 오점을 남기고 있다.

특히나 노인 자살률은 타 연령에 비해 2배에 달하며 교통사고 사망률보다도 2.5배 이상이 더 높다.

아울러, 청소년 자살률도 심각한 상태로 그 대책은 바로 학생들에게 사전 교육의 중요성을 인식하고 이에 대해 심혈을 기울이고 있으며, 자살은 절대 안 된다는 한 회장은 공군 예비역 대령으로 전역해 2021년부터 대전시 중구 용두동에 사무실을 두고 대전시민의 자살 예방 교육에 헌신의 노력을 다하고 있다.

학교는 교육청의 협조를 얻어 월 2회 이상 순회 교육을 실시하고 있으나 각급 단체 기관 등은 무관심 속에 교육률이 저조한 편이다.

정부나, 지방자치단체 등의 보조금이 전무한 상태로 자비로만 운영해 어려움이 많다고 호소하고 있다.

그래도 생명의 존중은 변함이 없기에 인권과 복지 등등에 기본 바탕을 두고 지속적으로 자살 예방에 대한 전문 교육가들더 많이 배출해 전 시민을 대상으로 사전 교육을 실시함으로써 자살 예방에 적극 활용할 것이라고 밝히면서 봉사애에 성공을 위해서는 시민 모두의 관심 속에 다소라도 국가와 지방자치단체와 각급 기관의 많은 지원 대책이 절실하다고 말한다.

이수영 기자 | Sooyoung1271@hanmail.net

[저작권자 ⓒ 코리아뉴스24, 무단 전재 및 재배포 금지]

내 인생의 속도

칠보 이수영 자전적 에세이

6장
나는 이제 자연 이치를 따른다

80여 평생,
무엇을 남기고 가는가?
꿈을 이루지 못하고 황혼에 질 것이다.

☐ 마음으로는 만족시킬 수 없다

-상대방을 도와주려면 마음보다는 물질적으로 도와라-

사람은 누구나 특히 공직자는 급여 이외에는 눈앞에 이익을 보려면 열 번 아니 백번 생각하고 행동하라.

아무리 현대는 물질만능 시대라고는 하지만 심지어 비유하기를 어머님 뱃속에 있는 아이도 돈을 준다고 하면 빨리 나온다고도 하지만 물질, 이 세상 살아가기 위해서는 돈과 물건이 절대 필요하다.

돈은 물건을 구입하는데 필요한 종이에 불과하지만 또한 물건은 인간에 꼭 필요한 도구일 뿐이다.

현대를 사는 우리들은 돈은 참으로 중요하다.

전 세계의 경제를 좌우하는 그 나라의 화폐의 가치 이제는 글로벌시대로 지구가 하나의 촌락으로 이루어져 돈과 물건을 서로서로 공유하여야 함으로 자급자족의 시대는 끝났다.

소규모 경제가 성립되지 않고 대단지에서 대단위 생산으로 전문성으로 수출과 수입의 양대 효과를 누려야 한다.

옛말에 12가지 재주를 가진 사람이 끼니 걱정한다는 말이 있긴 하지만 그것은 옛말일 뿐 지금은 다르다. 반드시 재주가 있어야 하고 기술 있어야 한다.

1,000평의 밭에 고추, 마늘, 무우, 양과, 고구마 등을 심는 것이 아니라 2,000평의 밭에 고추 한 가지만 심어 다량 생산하는 전문직의 시대가 바로 지금이며 글로벌시대이다.

☐ 竹馬故友(죽마고우)

비린내 나는 서천역 좁은 대합실

부모 형제 친우들과 이별하고서 아버지 따라 서울행 열차 타기 위해 기다리는데 하행열차 교차로 멈춘 열차는 언제 갈지 나는 모른다.

청운에 큰 뜻을 품고 몸을 실으니 기적소리 울리며 열차는 출발했는데 가다 서다 거북이 열차 장항선은 서울까지 8시간, 지루하건만 잠도 오지 않고 방금 떠난 초가삼칸 집 생각에 땔나무 걱정 뿐 눈가에는 눈물이 젖어오는데.

며칠 전 기와집의 유성기에서 들려오는 오동동타령과 앵두나무처녀의 음악소리가 지금도 귀에 생생한테 이제 나도 돈 벌어서 그놈에 유

부모님 묘소 참배

성기 사가지고 고향에 와야지 다짐도 하였건만….

이제 벌써 60년이 흘러 그때 그 기와집은 어디가고 35가구의 촌락이 10가구만 남아있네.

내 또래들은 거의 없고 그래도 동창생 3명은 살아있구나. 가기 싫은 고향땅 1년에 두세 번 찾아가면, 유년시절 꼭 추석날은 올라갔던 저 봉화산만 한참 동안 바라보다가 돌아서는 나의 눈가에 그저 눈물만 흐르네.

그러나 나도 부모님이 계신 이 땅에 묻힐 것이다.

▢ 人生 황혼길 소풍 가는 마음으로

우리네 모두는 누구나 지난날의 슬픈 사연을 가슴에 안고, 오늘도 살아가면서 또 내일을 맞이한다. 그러나 살다보면 어려움이 찾아오게 된다.

이때서야 비로소 하나님, 예수님, 부처님, 공자, 맹자님들 다 찾으면서 애절한 마음으로 또는 실질적으로 기도해 본다. 이런 것이 현대를 살아가는 모든 인간들의 본능이다.

사람들은 잘되고 평온할 때는 남을 생각하지 않고, 심지어는 등한시하면서 살아간다.

주위 사람들이 죽을병을 걸렸다 해도 (특히 암 등등) 그것 별거 아니잖아 하고 대수롭게 여기고 관심도 없이 그저 지나가는 말로 진정성도 보이지 않는 것이 사실이다.

그러다가 내가 어려움에 처하면 그때서야 남을 원망도 하고 주위 사람들에게 기대려하고 바라고 심지어 서운해하기까지 한다.

세인들이다! 내가 지금 편안할 때 가장 가까이 있는 형제자매, 일가친척, 이웃, 친우, 동료, 나를 아는 모든 선후배들에게는 진심 어린 마음으로 대하고 살아가라.

☐ 직장생활과 사회생활의 차이

직장은 수직 관계로 또한 같은 동료로서 어쩔 수 없이 인연을 맺어 좋든 싫든 생활 속의 연속이다. 그러나 사회생활은 그렇지 않다. 내가 싫으면 인연을 단절해 버릴 수도 있다.

같은 직장인은 자연스러운 거리가 유지되어 가급적 좋은 인연으로 생활하여야 한다.

그렇다고 해서 같은 직장인이 모두 다 친하고 진실 된 것은 절대로 아니다. 그저 겉으로만 친밀감 있는 것처럼 속으로는 아닐 수도 있다.

그것은 그 직장에서 퇴직한 후에 알 수 있다.

효용의 가치가 없으면 100% 다른 사람으로 변할 수도 있다. 그러나 사회생활이란 반드시 서로서로가 도움 관계 또는 같은 취미 등이 있어서 성립된다. 그러나 직업공무원의 공직은 달라야 한다. 코드 인사는 절대 안 된다. 정치공무원은 코드인사가 가능하지만, 이 사회는 심지어 애경사에 참석하지 못하면, 그것 한가지로 인하여 인연이 영영 끊어질 수도 있다. 사적인 친목단체모임도 모든 일이 끝난 사람은 모임에도 참여 안하고 빠진다.

이것이 사회의 인심이고 사람들의 심리이다. 이렇듯 모든 사람들의 인성을 종합해 보면 인간이란 필요에 따라 같이 살아가는 "생리공생"이라고 말할 수 있다.

아내 친목회 회원들…

[칼럼] 국정농단 특검수사 연장불허 끝내야 하는 현실

이수영 칼럼위원

황교안 대통령 권한대행이 특검기일 연장을 불허함으로써 아쉬움 속에 박영수 특별검사팀이 70여 일간의 활동을 접고, 지난달 막을 내렸다.

그동안 큰 성과를 보였으나, 국민들의 분노를 속 시원히 해결하지 못한 일들이 너무 많아 아쉬움이 크다.

국민 대다수인 80% 가까이가 탄핵 인용을 원하고 있다고 한다.

이번 특검에서 최순실 국정농단 사태의 비리를 파헤쳐 캐묻고 따져서 비정상화를 정상화로 돌려놓기 위한 노력을 해왔으나 사건에 비해 특검기간이 너무 짧아 수사를 제대로 하지 못했고, 역사 속에 묻혀 끝내 풀지 못한 의혹만 남기고 다시 검찰로 이관됐다.

검찰에서는 과연 특검처럼 철저히 수사를 진행할 수 있을지 국민들은 의문을 갖고 있다.

이번 기회에 황 대행이 30일간이라도 수사 기간을 연장했다면, 다소 의혹이라도 풀렸을 텐데 연장을 불허했으니, 각종 의혹은 더욱 깊이깊이 역사속의 의혹으로 남게 될 확률이 높아졌다.

또한 이번 사태의 박 특검은 K스포츠와 미르재단, 그리고 문화계 블랙리스트 등과 특히 정유라 이화여대 입시 비리 등을 비롯해 거물급 인사 13명을 구속 수감했고, 이재용 삼성전자 부회장을 구속하는 등 가시적인 성과를 보였다.

그러나 정작 10대 재벌의 뇌물의혹은 손도대지 못한 채 이제는 무덤 속으로 갈 지경에 이르렀다. 특히 레이저 눈빛의 국민 밉상인 우병우 전 청와대 정무수석 의혹은 끝내 밝혀내지 못하는 것인지 우려스럽기 그지없다.

20~30년 후 광복 100년사에나 밝혀질 수 있을려나 생각해 본다.

그래도 이번 특검은 김기춘 대통령 비서실장과 현직인 조윤선 문체부장관을 구속하고, 30여 명을 재판(기소)에 넘기는 등 국민들에게 큰 성과를 보여줬다.

국민과의 약속을 지키지 않는 대통령, 우리나라 역대 대통령들은 왜? 개인 비리와 주변의 형제, 아들, 딸들로 인한 부정부패로 얼룩져 하야와 자살, 구속 등 역사의 오점을 남기는 것일까? 이번 사태는 우리 국민들에게 뼈아픈 교훈을 주었다.

이번 사태를 바라보는 국민의 심정과 특검의 기대에서 아쉬운 점은 가장 핵심이라고 할 수 있는 청와대 압수수색과 대통령의 대면조사를 못하고 퇴장하는 특검의 현재 모습이다.

그동안 헌재 재판 과정에서 나온 대통령측 어느 변호사의 "아스팔트가 피로 물들 것"이라는 선동적인 발언은 국민들로부터 큰 공감을 얻기 어려울 것이다. 아니 비난 받아 마땅하다.

그래서 특별검사들과 헌재 재판관들이 국가에 신변보호 요청을 해야 하는 작금의 사태에 우리나라가 세계에 웃음거리가 된 것만으로도 우리 국민들은 상처를 입었고, 외국에 거주하는 우리나라 사람들이 한국인이라고 말하기가 꺼려진다는 소식은 참으로 슬픈 일이다.

이 모든 것이 누구의 책임인가?

이제라도 우리는 단결된 모습으로 뭉쳐야한다. 더 이상 국정 공백사태를 계속 방치할 수 없다. 두 갈래로 흩어진 국론을 한 곳을 모아야 한다. 이제는 조용히 헌재의 현명한 판결을 기다리고, 그 결과가 어느 쪽으로 도출되든 존중해야 한다.

향후 국론통합과 화합, 단합은 오로지 국민들의 몫으로 남게 됐다. 반만년 역사에 수많은 국난을 현명하게 극복해 온 우리 국민이 다시 일어설 때가 됐다.

[칼럼] 기본 소득보장제도를 도입해야 한다

이수영 칼럼위원

옛말에 사람은 태어날 때 자기 먹을 것을 갖고 태어난다고 했다.

그러나 오늘날은 옛날처럼 하늘에서 내려주는 것이 아니다.

사회적 합의를 통한 제도적인 뒷받침이 필요하다.

그래야 사람이 사람답게 살아가는 세상을 만들 수 있기 때문이다.

그 단초가 바로 기본적인 소득보장을 통한 인간다운 생활을 영위할 수 있게 하는 기본소득보장제도다.

시대의 변화는 우리나라뿐만 아니라 전 세계적인 추세이다. 고용불안 이에 따른 사회적 양극화, 불평등, 저출산 등 각종 새로운 사회문제가 급증하고 있다. 이는 사실상 초고령사회로의 변화에 따른 부작용이라고도 해석할 수 있으나 과학과 의학기술의 발달로 인한 수명 연장과 인구증가가 인류의 발전을 가져온 것 또한 간과할 수 없는 사실이다.

인구가 많아야 일거리와 일자리가 많고, 삶의 질을 높일 수 있다. 오늘날 세계는 교통·통신의 발달 등 인류문명의 성과로 하나로 뭉쳐진 지구촌을 이루고 있다. 제4차 산업의 발달로 인간시대를 초월해 인공지능시대 즉, 로봇시대가 도래하여 그 로봇이 사람을 대신해 생산하고, 일자리를 점령하는 자동화 시대가 됐다. 이 때문에 인간의 기본권 보장이 더욱 중요해졌다. 급변하는 인류문명에 최소한의 인간적 가치와 보편적 기본권 보장을 통한 행복 추구를 위해 기본소득의 보장을 필수적이라고 할 수 있다.

물론, 일하지 않고 일정한 수입이 보장되는 것은 무노동 무임금에는 부합하지 않는 측면이 있지만. 꼭 그렇게만 볼일은 아니다. 이 제도 시행에 일부 반대의견도 만만치 않을 것으로 예상되지만 오늘날 우리는 인공지능 알파고의 시대에 살고 있다는 것을 알아야 한다. 자동화에 따른 실업과 고령화에 따른 노인복지는 오늘날 해결해야하는 필연적인 과제임에는 분명하다.

지금 현재 우리나라 복지정책은 어느 나라보다도 수준급으로 잘되어 있다고는 하지만 아직 만족할 만한 수준은 아니다. 복지혜택의 허점이 있는 것 또한 사실이다. 현재의 복지정책은 너무 다원화되어 있다. 이것을 총괄 일원화하는 정책이 필요하다. 기초생보대상자의 선별과정의 문제점과 고령연금, 청년실업수당, 고용보험의 실업수당, 의료보호 등 각 부처별로 산만해져 있는 것을 통합하는 재정비 과정이 필요하다. 올해 대통령 후보자는 반드시 일정 소득을 보장하는 기본소득보장제도를 국민에게 약속 시행할 것을 선거공약으로 내 걸어야 한다. 이것이야 말로 바로 국민평등시대 행복추구권을 정착시키는 가장 중요한 사업이 될 것이다.

예산문제가 난관이지만, 기타 복지제도의 통폐합을 통해 추진하지만 있다면 점진적으로 해결해 나갈 수 있다고 본다.

지금 우리가 처해있는 현실을 보면 일자리를 구하지 못한 청년실업률이 10%에 달하고, 중년층의 생활고로 인한 자살과 65세 이상의 빈곤층 노인들이 65%에 달하고 있는 것을 감안할 때 기본소득보장제도의 도입 필요성은 더 간절할 수밖에 없다.

물론, 추진 과정에서 근로의욕 저하 등 다소의 부작용이 발생할 수는 있지만 구더기 무서워 장 안 담글 수야 없는 것 아닌가 말이다. 반대급부로 이 제도가 시행되면 경제가 안정되는 큰 효과가 있을 것으로 예상된다.

작금의 노인들이 지갑을 열지 않고 은행에 맡겨 놓은 가장 큰 이유 중의 하나가 장래가 불안하기 때문이다.

일반적으로 장래가 보장되어 있으면 소비심리가 살아난다. 경제가 잘 돈다는 얘기다. 복지정책이 잘되어 있는 유럽에서도 이 제도를 시행하려고 한다. 핀란드에서는 우선 2년간 시범운영을 하고 있다. 핀란드의 성공 여부에 따라 주변 국가에서도 도입에 열을 올릴 것으로 본다. 현재 인공지능 알파고 시대를 사는 우리들은 이제는 사람답게 사는 세상으로의 변화를 위한 노력을 해야 할 시점에 와있다.

시대가 변하면 사람도 변해야 한다. 버릴 것은 버리고 창조적 진보, 아니 진보적 창조를 선택해야 한다. 이 제도에 대한 진보와 보수의 다른 견해를 초월해 인간의 기본적 가치와 미래를 위한 결정을 내려야 한다.

인간 삶의 질을 향상시키며 사람의 기본권인 행복을 추구하는 길인만큼 변화되는 로봇시대에 우리네 인간들이 살아가는 아름다운 세상을 만들기 위해서 꼭 필요한 제도이다. 이 제도가 도입된다면 사회적 양극화는 다소나마 줄어들 것이다.

새로운 변화와 새로운 사회를 기대하는 국민들의 기대에 다음 정권은 꼭 긍정적인 답변을 하길 바란다.

2020년 12월 18일 금요일 중도일보

'갈길 먼' 교통약자 이동권 보장

**충남 시행 중인 '70세 이상 무임승차제도' 감감
저상버스 운행 전체 31%… 확대 위한 대책 필요**

대전시민의 발인 대중교통이 서비스와 정시성, 환경개선 등으로 편리하게 운영되고 있는 가운데 특히 교통약자들의 이동권 보장은 미흡하다는 목소리가 크다.

대전시내 버스는 하루 930여대가 100여개 노선을 15분 또는 20분 간격으로 운행하고 있는데, 하차 후 30~40분 안에는 3회까지 목적지로 환승할 수 있는 시스템이 제공돼 있지만 이로 인한 버스회사의 재정적자가 연간 300억원 이상 발생하고 있다. 그로 인해 타 시·도와 이웃 충남에서도 시행하고 있는 70세 이상 무임승차 제도를 시행할 수 없다고 한다.

또한 교통약자에게 편리한 저상버스 운행은 대전시가 31%로 전국 3위권에 달하고 있으나, 앞으로 2년 내에 45% 이상으로 확대운행 할 계획이라고 담당팀장은 말하고 있다.

이에 대해 중구 용두동에 거주하는 허모(75) 씨는 "외국에 가보니 대중교통 중 고상버스(계단식 일반버스) 없으며, 전체 저상버스로만 운행되고 있다"면서 "대전시에서도 조속히 전체를 편리한 저상버스로 교체해 운행해야 한다"고 말했다.

저상버스는 일반버스(현 계단식)에 비해 가격도 고가(2억원 이상)이며, 연간 유지비도 천만원 이상이 더 소요되지만 사실상 승하차시 편리하고 공간이 넓어 교통약자에게는 좋은 점이 많다.

한편, 대전시는 시민들의 대중교통 이용률을 증가시키기 위해 13개 버스회사에 시민 혈세를 재정지원금으로 올해 960억원, 내년 1,100억원을 지원할 계획이라고 한다.

이와 관련, 장애인과 노인, 어린이, 임신부 등 교통 약자는 우리나라 전체 인구의 25%가 되는 상황에서 이들의 이동권 보장을 위해 정부와 지자체의 성의 있는 대책 마련이 요구된다.

이수영 명예기자

□ 運命(운명)과 宿命(숙명)이란!

모든 일들은 하늘에서준 "운명"이라면 그 운명을 피할수 없는 것이 "숙명"이라고 믿고 받아들여야 한다.

우리나라에 살고 있는 자식들이여.

부모님이 살아계실 제에 "효도"는 하지 않아도 "불효"를 하지 마라. 그것이 부모님께 드리는 최대의 행복이요 "효도"이다.

나는 80平生 동안 부모님께 "불효"는 절대 하지 않았다고 자부한다. 부모님이 살아계실 적에 전화도 자주 드리고 1년에 3번 정도는 찾아뵙고 하였으며 돌아가신 후에도 내가 태어나서 보지도 못한 조부모님의 제사도 지금은 부모님의 제사도 내가 다 모시고 지내고 있으며 묘에도 1년에 3번 내지 2번 정도는 꼭 가본다.

늙으신 부모들이여!

지금 세상, 아니 앞으로의 세상에는 자식들한테 효도와, 용돈 받을 생각을 하지 말아야 한다.

늙어서 자식들한테 손 벌리지 않기 위해서는 지금 조금이라도 젊은 나이에 어떻게 할 것인가? 잘 생각해 보라.

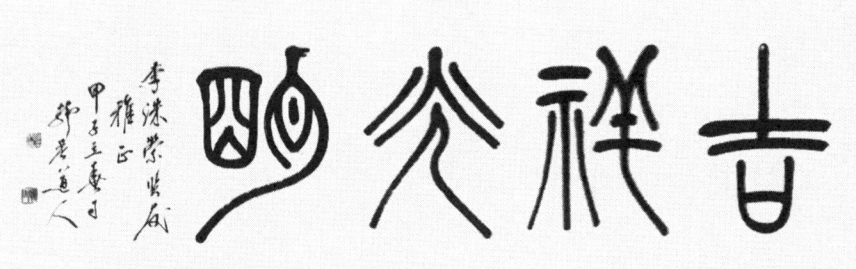

중년기 인생의 전성기시대는 잠깐 그저 10여 년뿐이다. 그때 정신 차려야 한다.

재산이 조금이라도 있으면 늙어서 죽을 때까지 자식에게 넘기지 마라.

저자 맨 앞줄 좌에서 두 번째

🗂 영영 떠나간 동창생들…

서천군 비인국민학교 제45회 졸업생이었던 우리들.

졸업한 지 20년 후 대전에서 다시 만난 초등학교 동창생 3총사 중 1명. 그는 영영 우리 곁을 떠난 지가 벌써 3년이 된 오늘. 그가 생전에 남겨놓은 "정"은 세월이 가도 내 마음속에 남아있는데 어젯밤 꿈에 나타난 그는 나의 뒤를 따라오다가 어디론가 혼자 가버린 그애 모습은 깨어보니 새벽 4시 꿈이었구나?

2021. 6.

☐ 존경과 사랑

하나님은 모든 인류를 사랑하신다고 한다. 그러나 사랑이란 단어는 너무나 넓은 의미의 뜻을 지니고 있다.

사랑 속에는 모든 것이 포함되어 있는 것이 아닐까? 존경도, 존중함도, 애정도. 기쁨도 모든 것들이 내포되어 있지만, 그 심리의 뜻은 조금은 다르다고 본다.

좌 처 언니(이정금), 우 저자 처

그렇다면 넓은 의미의 사랑보다는 좁은 의미의 존경과 존중은 절대적 가치로 필요하다고 본다.

나는 이렇게 주장한다.

부모님과 스승에게는 넓은 의미의 대이름씨에 속하는 사람이라는 단어보다는 반드시 "존경합니다" 라고 표현해야 된다는 말이다.

그러나 이와 반대로 부모나 스승은 자식과 제자들에게 무한한 사랑으로 감싸주고 보듬어주어야 한다는 말이다. 요즈음 자식들이 부모를 해하고 제자가 스승을 폭행하는 것은 "존경심"이 없기 때문이다.

그저 넓은 의미의 사랑이란 말, 아무렇게나 사용하는 단어일 뿐이다. 형제, 자매, 동료, 선후배, 지인과 이웃 등등 모두 사랑으로 표현해도 좋지만, 존경심은 마음속 깊이에서 샘솟는 진실한 마음으로써 세상 모든 것이 변해도 부모님께 대한 존경심과 스승에 대한 공경과 존경은 절대 변해서는 안 될 것이다.

☐ 운명

옛말에 모든 일이 잘 안 되면 조상 탓이요 잘 되면 내 복이라는 말이 있다. 그렇다면 운명이란 과연 타고 나는 것일까?

人間의 운명이라 함은 태어날 때부터 이미 정해진 것과 목숨의 한계 등등을 말하는 것으로써 이런 것들을 運命이라 하며 그 운명을 믿는 자나 믿지 아니하는 사람도 똑같은 길을 가고 있는 것이다.

이미 정해진 운명설에 의하면 사람들이 저 사람은 아무리 노력을 해도 노력한 만큼 잘 안 되어 노력의 댓가가 별로 나타나지 않고 잘 안 풀리는 사람은 그런 운명을 타고났기 때문이라고 운명으로 돌리기 십상이다.

이와 반대로 별로 노력을 하지 않아도 일이 잘 풀리고 하는 일이 잘 되어 돈도 잘 버는 사람이 있다. 이를 가리켜 사주팔자 운명을 잘 타고나 재복을 많이 타고난 사람이라고들 한다.

근근하게 근검절약하여 송아지 한 마리를 사서 키워보려 하니 사 온 송아지가 열흘 만에 죽었다는 이야기가 있는 반면 이곳에서 많은 돈을 보상받아 또 저쪽에다 산 토지가 또 보상받아 토지보상비가 300억, 400억 받은 졸부의 이야기는 이 사회에 심심치 않은 화젯거리로 등장하고 있다.

우리네 운명, 무엇이 옳고 틀린 것인지는 모른다. 그러나 우리 인간사에서 너무 운명에만 매달려 탓하지 말고 내가 만들고 내 생각을 개척하여 발전시켜 나아가는 것이 가장 현명한 운명을 타고 난 것이며 작은 부자는 반드시 근검에서 오는 것만은 틀림이 없다.

가족의 행복을 비는 아내의 기도

2018년 8월 10일 금요일 중도일보

국민연금과 노년생활

우리나라의 국민연금은 1988년 첫 가입자를 시작으로 벌써 30여 년이 됐다.

처음에는 불신이 많아 국민들은 가입을 꺼리기도 했으나, 30여 년이 지난 지금은 국민연금이 효자로서 471만여 명이 혜택을 보고 있다. 또한 가입자도 2182만여 명(2017년 말 현재)에 달하며, 200만원 이상 수급자로 약 8%에 달하는 것으로 파악된다.

그러나 50만원 미만 수급자가 상당수(약 42%)로 노인들이 사실상 연금으로는 도저히 생활이 안 되는 실정이다.

더욱 심각한 것은 노인 일자리가 턱없이 부족함은 물론, 일부 소수에게 주어지는 일자리도 월 20여만원의 공공근로 또는 재능나눔 뿐으로 실상 저소득 노인들은 생활이 어려운 실정이다.

이제는 정부나 국민연금관리공단에서 50만원 미만의 수급자에 대한 대책을 마련해야 한다.

최소한 100만원 이상을 수령할 수 있는 연구 검토가 필요하다. 매년 인상폭을 조정하든가 수급권자가 재투자 할 수 있도록 법적·제도적 장치 마련이 절실히 요구된다.

이수영 명예기자

☐ 두 아들의 태몽꿈

-큰아들은 용꿈, 둘째는 북두칠성의 별꿈-

태몽꿈은 과연 맞는 것인가?

그리고 그 꿈의 해몽에 따라 유권해석이 다른 것인가? 또한 누가 태몽꿈을 꾸느냐에 따라 다른 것인가?

의문에 의문, 그런데 대다수가 본인 또는 남편, 시어머니 친정어머니 등이 꾼다고 전해 내려오고 있다.

나의 아들 둘은 모두 아내가 꾸었다고 했다.

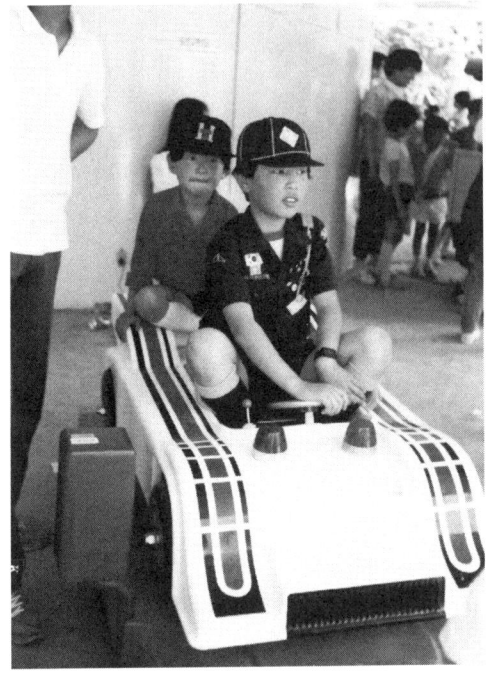

첫아이 정훈이는 시골집에서 자는데 쪽문으로 너무나 길고 큰 용이 들어와 뒤에서 꽉 껴안고 짓누르는 것에 소리치며 깜짝 놀라 깨어보니 꿈이었고 임신이 되었으며, 둘째 주훈이는 하늘에 있는 북두칠성 일곱 개의 별 중 하나가 떨어져 내려와 가슴속으로 파고들어 깨어보니 꿈이었으며 임신이 되었다고 했다.

그래서 둘째는 대학졸업 후 학사장교로 가길래 그 꿈이었구나 했는데 대위에서 전역하고 다시 경찰로 임관하였으니….

아내는 50여 년이 지난 지금도 그때의 그 태몽은 하도 선명하여 잊지 못하고 그림으로 그리라고 해도 그릴 수 있다고 말하고 있다. 그런데 믿거나 말거나 사실상 나도 총각시절 때부터 철학가, 스님, 무당, 무속인 등의 말에 의하면 생에 아들만

둘 뿐이라고 했으며 내 아내도 처녀시절부터 아들만 둘 태였다고 무속인들이 하여 돌아가신 장모님께서는 늘 그런 말은 어디 가서 하지마라고 편잔도 하셨다 한다.

그대로 자식 둘만의 태였다고 하면 시집도 못간다는 때였고 최하 자식은 5명 이상은 낳아야 된다고 하던 시절이었다.

공직자인 두 아들에게!

나는 아들만 둘인데 모두 육군장교(대위. 중위)로 전역하여 늦게 공직생활을 시작하였다. 큰아들 정훈이는 행정직

6장 _ 나는 이제 자연 이치를 따른다 273

공무원(대전시) 둘째 주훈이는 경찰관(서울시경)으로 근무하고 있다.

사랑하는 내 아들들아!

공직인은 비록 조금은 경제적으로 어렵게 살더라도 비리에 현혹되지 말고, 착실히 진실된 마음으로 살아가야 한다. 끝내는 연금으로만 살아가겠다는 생각으로 말이다. 나도 공직자로 40여 년간을 근무하다 정년퇴임하였기에 잘 안다. 특히 공직생활 중 업무에 관련하여 업자들은 돈을 주고 불리하면 언젠가는 배신할 수도 있다는 것은 잘 알아야 한다.

물론 극소수이긴 하지만….

공직자는 검은 마음을 가져서는 절대로 안 되며 특히 남성들은 여성을 항상 경계하고 다른 마음을 가져서는 안 되며 타인들로부터는 그 사람 술을 너무 많이 마신다는 소리를 듣지 않아야 하고, 남의 돈을 탐내, 돈을 좋아한다는 말을 들어서도 아니 된다.

공직인은 경제적 여유는 없어도 마음을 편하고 남한테 아쉬운 소리 덜하며 돈을 빌리러 다니지는 않을 정도이니 돈에 맞추어 경제생활을 하며 절대로 검은돈은 생각하지도 말고 순간의 욕심이 여생을 망친다는 것을 명심하고 또 명심하여야 한다.

2025. 1. 1

□ 큰아들 정훈아!

너는 대전광역시 지방행정공무원으로 그 역할을 다하라!

이제 아빠가 人生 80에 이르니 너도 중년인 50이 되었구나.

아빠는 임시직으로부터 시작하여 5급을류(지금의 9급)인 행정서기보를 거쳐 5급(사무관)으로 겨우 정년퇴임을 하였지만….

너는 최소한 이사관(2급)을 하여야 하는데 그러나 그것은 다만 목표이지 성공은 아니다.

물론 아빠 동료 중에는 서기보로 시작하였어도 이사관, 아니 관리관까지 역임하고 정년 퇴임한 사람도 있긴 하지만 그것은 두 사람뿐

너는 공직인으로서 부정과 타협해서는 절대로 안 되며 가급적 시민과 이웃에게는 봉사 정신으로 나보다 못한 자를 불쌍히 여길 줄 아는 공직인이 되길 바란다.

아빠.

◻ 둘째 아들 주훈아!

너는 대한민국의 경찰관으로서 그 사명을 다하여야 한다.

특히 아빠가 어린 시절 꿈이었던 경찰관을 아빠는 대리만족으로 삼고 있어 아빠는 기쁘단다.

대한민국의 경찰관은 사회의 부조리에 휩쓸려서는 절대로 안 되며 그렇게 되면 정년퇴임을 할 수 없게 된다.

공직인은 정년퇴임이 제일 영광스러운 것이다.

조금 어렵게 살더라도 깨끗하게 살아야 한다.

너는 지난날 육군 대위로 중대장을 거쳐 전역 후 다시 최말단인 순경으로 시작한 지도 어언 13여년 벌써 나이도 45살 이제 인생의 중년길에 서서….

경찰임관 때 아빠, 엄마가 양어깨

에 달아주던 "순경" 계급장에서. 이제는 너의 힘으로 "경찰의 꽃"인 총경 계급장을 다는 그것이 목표이지만 그것만이 人生의 성공은 아니다.

네가 영광스럽게도 양어깨에 "총경" 계급장을 받는 그날은 아마도 아빠는 이 세상 사람이 아니겠지?

아빠의 묘 앞에서 신고하면 하늘에서 보고 축하해줄 것이다. 그러나 이런 것들이 모두 목표이지만, 실현 가능성도 전혀 없는 것은 아니므로 꾸준히 노력하면서 살아가길 바란다.

그러나 너무 승진에만 연연하지 말고 항상 사회의 지팡이로써 모범이 되는 대한민국의 참신한 경찰관으로 살아가길….

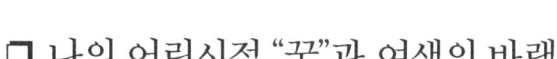

아빠는 그저 바라고 또 바랄 뿐이다.

☐ 나의 어린시절 "꿈"과 여생의 바램

-결코 나의 꿈은 이루지 못했다.

나는 유년시절부터 19살 때까지는 서천군 비인면에서 살다가 학교를 마친 후 청운의 큰 뜻을 안고 세상 밖으로 나왔다. 그때부터 나는 경찰이 되기 위해 노력하였으나 되지 못하고 일반공직자로 첫발을 충남 천원군청 공보실(지금은 천안시청)에서 근무하면서 내 원대한 꿈인 경찰을 포기하고 내 고향 서천군수를 꼭 해야겠다고 다시 꿈을 가졌으나 결국 그것마저도 이루지 못하고 나의 "생"을 마치게 되었으니 그저 꿈은 꿈일 뿐 이루어지지 않는다는 것을 이제 내 나이 80이 되어서야 알았다.

그 어린 시절 나의 가까운 주변에는 작은아버지(이문승)께서 서천군수 하시기를 바랐고(아산시 부시장으로 정년) 일가친척 어른 승자 학렬, 이억조 어른은 서천경찰서장(서울시경 과장 경정으로 퇴임)을 하시길 바랬다.

나의 모든 꿈과 소망은 이루어지지 않았지만 이제는 내가 죽은 후에라도 저 하늘에서 지켜볼 수 있다면 나의 두 아들은 큰아이 정훈(현, 대전시)이는 부이사관까지 아니면 대전지역의 구청장 되기를 바라고 둘째 아들 주훈 (현, 서울시경 경위)이는 총경까지 승진되어 대전지역의 경찰서장 하기를 내 생애 마지막 바람과 함께 늘 마음속에 소원을 빌고 있다.

내 아들들아, 아빠의 바람이 이루어지는 날, 이 아빠는 이 세상에 없더라도 묘 앞에서 사령장과 함께. 막걸리 한 잔 따라 올리길 유언으로 남긴다.

2020년 12월 4일 금요일 중도일보

생애 80세가 넘으면 점잖은 어르신이 되자

산이 높다고 모두가 명산은 아니듯이 나이가 많다고 전부 어르신이 아니다. 어르신은 어르신다운 기품을 겸비해야 한다. 모든 사람들이 나이가 들면 고독을 느끼게 되고 과거만 생각하게 된다. 또한 발목이 아프다 보니 걸어가는 보도가 경사졌다는 것을 알게 되었다. 나이 들어 꼭 생각해야 될 것이 있다면, 나는 이제 이 세상에서 왔으니 무엇을 남기고 떠나 갈 것인가? 아니면, 아무런 '흔적' 없이 사라질 것인가? 그래서 나는 2권의 저서를 남기고 갈 것이다.

첫 번째는 지나간 7순기 기념작 '날개 꺾인 별공새'를 이미 출간했고, 두 번째는 2~3년 후 돌아올 8순기 기념작 '내 인생의 속도'를 펴내기 위해 현재 집필 중이다.

인생 80년 史. 길고도 짧게 느껴지는 80이 넘은 인생들은 꼭 한번쯤은 앞으로 다가올 인간의 죽음을 생각해야 하는 때이다. 이 나이가 되면 모든 것을 내려놓고 생활 주변을 정리도 해가면서 못했을 애정스러운 마음으로 살아가야 한다. 요즘 흔히 말하기를 100세 시대라고는 하지만, 본인 스스로 100세를 살 것이라고 자부하지는 마라. 나는 지금껏 살면서도 내 주위에서 100세 이상 넘은 사람을 본 적이 없고, 90세가 넘는 노인은 5~6명 정도 보았으나 그들 모두 요양병원에서 지내고 있다.

특정인 1~2명을 제외하고는 대다수가 80대 중반이 되면 유명을 달리하고 있는 것이 현실이다.

또한 살아있어도 홀로 병석에 누워 식물인간으로 생을 연명하면서 이제는 죽고 싶어도 죽을 수도 없는 인생 황혼 길에서 이럴듯 살아갈 바에야 어차피 언젠가는 가야할 길이라면 고생과 고통없이 조금 먼저 스스로 가는 것도 위대한 선택이 아닌가도 싶다. 극단적인 행위, 물론 장려할 것은 아니지만 병마에 시달리면서 쓸쓸하고 괴로운 인생의 삶 보다는 그 선택의 길을 막을 필요가 없다고 생각하는 사람 중의 한사람이다.

이제는 조용히 인생의 삶을 마칠 수 있는 제도적 장치가 필요한 시기라고 본다. 과거 병석에 누워 있는 어느 노인이 "먼저 간 친우들이 잘했고, 부럽다"는 하소연의 한마디가 지금 생각하니 노인들이 어떤 심정이었는지 조금은 이해가 된다.

우리네 인생사에서 80세 넘게 살아오면서 힘들었던 세월 속에서 그 난관을 헤치고 살아왔건만, 나이가 드니 정신도 깜박깜박해지고, 무기력해지며, 작은 병마로 인한 시달리기 때문에 하루라도 정신이 맑을 때 기록으로 남겨 놓는 것이 곧 유서다.

유서는 후손에게 남기는 말과 재산이 있으면 확실하게 하기 위함인데, 특히 재혼 가정은 재산에 대해 분명하게 상속자의 주소, 성명, 주민등록번호 등을 세심하게 기록하여 공증을 받아 놓아야 훗날 그 효력이 발생되므로 자손들이 재산으로 인한 법정 분쟁을 막는데 큰 도움이 될 것이다. 나는 비록 이 세상을 떠날지라도 사후에 자손들로부터 오래오래 기억되고 존경 받을 수 있는 부모가 되기 위함이다.

이 수 명
명예기자

6장 _ 나는 이제 자연 이치를 따른다

▢ 어린 유년시절의 회고

내 나이 80 지금 나는 나의 어린 시절 생각에 잠긴다.

나의 또래들에서 나의 유년시절(1~15살)에 나처럼 가난하게 살아온 사람은 한 명도 없을 것 같다는 생각이 든다.

내가 15살 이후로는 부모님의 열성과 누나들의 도움으로 중등에 입학하여 배움에 길을 걸었고 형편은 조금씩 나아졌지만 나의 유년시절에는 지금도 잊지 못할 일이 너무나 많아 여기에 나열하기조차도 싫어진다.

우리 자연부락 월칠지 마을은 전체 호수가 33호였는데(지금은 9호) 그 중에서도 제일 빈곤한 집이 우리집, 그야말로 마루도 없는 초가삼간 옴팡집에서 농사라고는 밭 300평뿐, 지금 생각하면 어떻게 견디며 살아왔는지 배고픔의 서러움, 못 먹어서 죽어간 여동생의 생성한 모습.

겨울이면 뒷산에서 칡뿌리 캐 먹고 봄이면 송홧가루. 진달래꽃 따 먹으면서 물 마시고 어머님과 누나는 먼 산으로 봄나물 한 포대씩을 뜯어와 자운영과 신나물 쑥으로 연명하면서 살아온 기나긴 봄철. 그 후 누나들은 서울로 돈 벌러 떠나가고 아버지께서는 5일장 떠돌이 장사로 가정 형편은 조금씩 나아갔으나 이따금씩 아버지의 주변과 화투놀이로 어머님과의 가정불화, 어머니의 삼베길삼 모시하여 한 필씩 팔아 쌀 한말 사다 끼니 이어가며 이웃집 눈총을 보며 닭 키워 계란 모아 한줄(10개)되면 비인장날 팔아 새우젓 등 일용용품 사오시던 어머님의 모습.

글씨 쓸 종이도 없어 전지 한 장 장날 사 오시면 16절로 접어 썰으면 16절 공책 한 권에 연필 한 자루뿐, 그 놈의 연필은 왜 그다지도 잘 부러지는지 그리고 침을 묻혀야 써지는 몽당연필로 그때는 4과목. 국어, 셈본. 사회생활, 자연 나중에 국민학교 고학년이 되면 도덕, 미술, 음악 등이 추가되었다.

그 시절에는 국민학교에도 오전 오후반이 있었고 한 반에 최고 60명 사친회비 제도가 있었다.

벤또(지금의 도시락)는 아예 싸가지도 못했고, 이유는 꽁보리밥뿐이니까?

도시락 먹을 점심시간이면 학교 뒷산에 올라가 있다가 내려오고 3.4km 비포장길 신작로 길 달려 학교 다니던 시절 그 시절….

그러나 그리움은 있는데, 그 가난, 지긋지긋한 세월이 우리 후손들에게는 절대로 다시는 오지 말아야 할텐데….

나는 이제 황혼 길에 서서 사라져 가지만 자꾸 눈물이 앞을 가려 더 이상은 여기에 쓰지 않으련다.

☐ 마침표 속에 떠오르는 지난 세월

어제가 70이었는데 오늘이 80평생 8순이 된 오늘.

나는 살아있으나 육체는 힘이 없고 정신마저 희미한 것이 8순이란 말인가?

오늘도 새벽 4시에 잠에서 깨어나니 내가 살아있구나 하는 생각뿐.

그동안 나도 75세까지는 이곳저곳 근무하면서 적은 돈벌이로 근면과 성실하게 살아왔어도….

부자가 되지 못하고 그럭저럭 지내 온 나의 인생길.

오늘 8순이 되고보니 지나간 세월 속에서 즐거웠던 것보다는 서러웠고 괴로웠던 일들이 떠오른다.

순탄치 않았을 35년간의 공직생활로 人生을 다 하여 왔건만 보람도 없이 그저 그날그날을 살아왔을 뿐 끝내는 성공하지 못한 나의 기구한 운명을 탓하면 무엇하랴.

어제 오늘로써 내 나이 80이 되니 죽음이 가까이 왔다는 것인가?

어제같이 느껴지는 유년과 청년시절은 왜 잊혀지지도 않고 머리 속에서 지금도 떠오르고 생각만 나는 것일까?

생·노·병·사 속에서 이제는 "사"를 기다려야만 하는가? 그래도 나는 그 힘들었던 지난 세월을 요행히도 잘 견디어온 지금, 고달팠고 얽매인 "삶"에서 이제는 벗어 던지고 편안한 마음으로 주어진 세월을 살아가면서 나의 두 가지 소원은 그저 내가 내 아내보다 먼저 저세상으로 가는 것과 나의 임종 시 3일 정도만 병상에 있다가 조용히 눈을 감기를 원하여 본다.

2025. 1.

☐ 죽음, 그 자체가 운명이다

-죽음을 생각하면서 정리하고 떠나야 한다-

80여 평생 살아온 지난 과거사의 원한 관계와 섭섭했던 일 모두 다 풀고 또한 애지중지 아껴온 물건들 이제는 내가 직접 버리고 소각하여 정리해야 한다.

후손들에게 유품은 소량으로 남기는 것이 현명하다.

나는 평소에 애지중지 소중하게 느껴왔던 것도 자식과 손주들에게는 소중하지 않을 수도 있다.

80 넘어 몸이 움직일 수 있을 때 중요한 물품과 책과 옷가지 등등을 타 기관에 기증할 수 있을 때 기증도 하고 할 수 없는 것은 서서히 버리고 소각해야 한다.

내가 잘 아는 지인 한 분이 돌아가셨는데 자식이 유품정리를 하다보니 변색된 신사복이 30벌 이상이 쌓여 있었다고 했다.

자식들에게는 부담이 되는 일이 아닐 수 없다.

그런데 나이가 들수록 더 물건을 버리지 않으려 하는데 아까워도 과감히 버릴 줄 알아야 한다.

특히 80 중반이 되면 옳바른 정신이 있을 때 자식들과의 소통을 자주하여 통장과 현금 혹시 귀중품 등은 알려주되 지금 내가 살고 있는 집과 현금은 자식들한테 넘겨주지 말고 유산으로 남기는 것을 이해시켜 사후에 자식들이 싸우는 일과 형제자매끼리 법정에 가는 일이 없도록 하는 것은 오직 노부모가 해야 할 일이다.

❐ 황혼의 석양길 인생

추풍에 흔들리는 낙엽처럼
인생도 흔들려가네
나이 들어 늙어가니 몸과 마음 변해가고
강한 바람 불어와 쓰러지면 일어나지 못하고
저세상으로 가는 것이 인생인 것을
젊은 시절 이리저리 뛰어다니며
그렇게도 열심히 살아왔건만
세월 따라 나이 드니 감정 기복만 심해지고
여유 재산 별로 없고 주름살만 남아있네
얼굴엔 검버섯과
침침한 눈빛으로
석양에 지는 해를 하염없이 바라보면서

이제는 마침표를 찍어야 하는 시간에 왔습니다.

지금까지 나의 글을 읽어주신 독자 여러분께

고마운 말씀을 드리면서 늘 행운과 함께

건강하시길 간절히 소망합니다.

☐ 나의 친목단체

나는 이들과 함께 정(情)을 나누면서 지금까지 살아왔다.

▶서우회 : 재전 서천군민회
　박○진 나(총무) 외 100여 명(명단생략: 별도)
▶총우회 : 대전광역시청 총무과 출신자.
　차○찬 길○이 이○운 신○웅 김○운
　조○호 최○호 정○순 조○래 나
▶근청회 : (대전광역시 근로청소년복지회관 출신자)
　이○석 윤○환 한○희 길○섭 김○춘 김○홍 김○기 우○○ 나
▶송림회 : 서천군 출신 대전시 공무원
　김상수 김웅제 황초주 박현수
　박종득 임승룡 박○비 성○
　노○구 나
▶녹우회 :
　대전 서구 변동 거주자 친목회
　박헌영 송경수 ○○석 조기수
　전영탁 이○원 채수창 신○년
　장○산 권도형 강태헌 이○태
　나
▶동백향우회 :
　서천군 비인 서면 출신자
　나 송화종 신영필 이대회

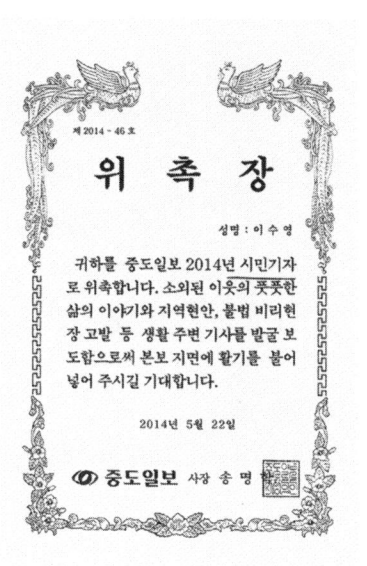

이형규 유병길 김현창 신항식 김준호 유○근
김○민 김○태 이○성
▶만소회 : 늦게 만난 친우들
나, 박진기 한상우 김○철 이○호 이○빈 임헌영
최○태 김재웅 권혁진 천○진 김○년 노○태

-나의 공직생활 근무부서-
▶천원군청: 공보실, 재무과지적계 건설과 관리계
 병천면사무소 개관요원
▶예산군청: 새마을과 새마을계
 오가면사무소 재무계(5급을류: 지금의 9급 공채)
▶대전광역시청
 - 건설과 운수계 관리계
 - 회계과 용도계
 - 총무과 서무계
 - 근로청소년복지회관 7급승진(교관요원) 6급 승진
 - 공보관실 홍보기획계: (6급)
 - 공보관실 홍보센터 : (5급 사무관 승진)

□ 나의 자원봉사 활동

• 대전 : 한밭수목원: 16년 (2010~2025)주 1회
 한밭도서관: 15년 (2010~2025) 주 2회(현재)

- 국립중앙과학관안내봉사: 8년: 주 1회
- 대전지방법원 소년자원 보호자: 5년 (2011~2015)
  소년재범방지상담. 결손가정 자녀상담.
- 중도일보명예기자: 16년 (2008~2024)
  객원기자 6년, 시민기자 3년, 명예기자 6년(2025 현재까지)
- 배움터, 꿈나무 새싹지킴이, 아동지킴이: 13년

초등학교: 4년 (계산. 홍도, 학하동)
중학교 : 1년 (문정)
고등학교 : 8년 (대성여고)
둔산지구대: 1년
(아동지킴이)
- 현재: 인터넷신문사 : 코리아뉴스24: 고문, 편집위원, 기자로 활동 중, 2023 ~ 현재까지

老人들이여..
惜音成屎

2023. 秋
深空

중도일보 2002년 11월 9일 토요일 제 11421 호

애경사의 부조금

가을을 맞이하여 결혼식이 많이 열린다. 그러나 반면에 애사도 많다. 환절기에는 사람들이 병으로 많이 죽는다. 그 이유는 왜 그런지 잘 모르지만 60여 평생 나의 삶의 철학으로 보면 이상하게도 환절기에 사람들이 많이 죽어가며 삼복더위나 엄동설한에는 인간의 죽음도 피하는 것 같다.

사람은 서로 어우러져 살아가기 위해 협동정신이 절실히 필요하다. 그러므로 또한 '부조'가 있어야 한다.

서로 돕는 취지에서 그 옛날 내가 어렸을 때에는 동네에 혼인이나 초상이 나면 집에 있는 계란이나 쌀, 보리, 막걸리, 잡곡 등을 보내는 것을 보았다.

그러나 이제 이 시대는 경제부국이 되는 산업사회이다. 산업사회는 돈이 최우선이다.

돈이면 무엇이든지 할 수 있는 '물질만능의 시대'이기 때문이다.

'돈', 참으로 좋은 것이다. 그러나 '돈'을 좋아하는 사람은 돈 때문에 망하게 되어있으며 망하지 않으면 돈으로 인해 고생, 망신살을 당할 수도 있다. 재복은 하늘에서 오는 것이지 결코 내가 갖고 싶다고 가질 수 있는 것이라고 본다. 많은 돈을 갖기를 우리 세인들은 원하고 나도 원한다. 그러나 그렇게 되지 아니하는 것이 세상의 이치이다.

우리나라 미풍양속중의 하나가 이웃과 아는 사람들에게 큰 일이 있을 때 도와주는 것, 그것이 곧 부조라고 생각한다.

'부조금'(扶助金), 사전에는 이렇게 해석되어 있다. 공무원 연금법상 공무원이 재해 또는 실직한 경우에 부조를 위해 지급되는 급여라고. 그러나 또한 사인(私人)과 사인사이에 길흉사(吉凶事)가 있을 때 축하금 또는 조위금으로 주고받는 돈도 '부조금'이라고 한다.

그렇다면 부조금은 우리 생활에서 떠날 수도 없고 또한 떠나서도 안되며 되물도 아니다. 그러므로 나는 이러한 제안을 하고 싶다.

차라리 안내장(청첩장) 하단에 은행계좌번호를 적어 놓으면 훨씬 편할 것 같다.

그리하면 최소한의 인사치례를 할 것이 아닌가.

물론 우편송금이나 다른 인편을 통해 할 수도 있지만 그것보다는 계좌번호로 송금하는 것이 이제는 공식적으로 활성화되어야 하겠다.

아마 누구나 거의 다 있는 일이지만 요즘은 토요일과 일요일에는 한두곳씩은 겹치는 혼사가 많을 것이다.

이러한 불편을 해소하기 위하여 '부조'를 미풍양속으로 알고 계좌번호를 생활화하였으면 하는 것이 나의 개인적인 생각이다. 이수영 〈대전시 서구 갈마동〉

※ 본, 저자인 나는 이미 23년전(2002) 오늘에 현실을 내다 보았다. 그래서 이런주장을 했으나 그때는 너무하지 않느냐는 여론도 많았다.

6장 _ 나는 이제 자연 이치를 따른다

2019년 11월 22일 금요일 **중도일보**

버스 노선 방향표시 '엄지 척'

모든 정류장 도입 의견도

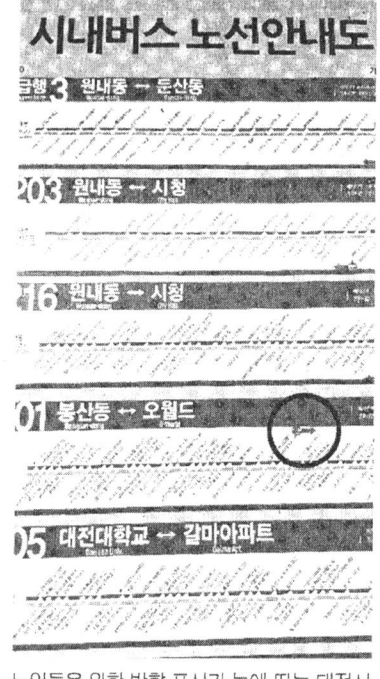

노인들을 위한 방향 표시가 눈에 띄는 대전시 시내버스 노선안내도.

시내버스를 자주 이용하는 노인들에게는 노선안내도에 방향 표시가 큰 도움이 되고 있다. 특히 노인들은 지금 바로 하차한 정류장에서 목적지 방향으로 환승할시 헷갈리는 경우가 허다하다. 이곳 정류장에서 타야할지 아니면 반대편 정류장에서 타야할지 잘 몰라 혼동을 빚는 경우가 빈번하다.

이런 일을 사전에 방지하기 위해 정류장의 시내버스 노선안내도에 적색으로 화살표시 방향을 표시한 작은 배려가 어르신들에게는 큰 효과를 보고 있다는 평가다.

그러나 아직 전면 도입이 안 돼 일각에서 혼선을 빚는 경우가 있는 만큼. 대전시는 장기적으로 모든 정류장 노선안내도에 버스 운행 방향 표시가 도입되길 기대한다. **이수영 명예기자**

(이 방향표시 본 저자의 아이디어로 채택되어 시행되었다.)

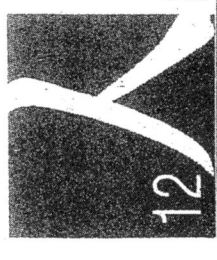

中都日報
2015년 6월 4일 목요일
K people 사람&삶

32년 '별공새'의 작은 자서전

공무원 출신 이수영씨 자전적 에세이 출간

대전시청 퇴직 공무원 이수영(70·시진) 씨가 자전적 에세이 집 '날개 짓인 별공새'를 출간했다.

날개 짓인 별공새는 이 씨가 충남도 행정직 공무원으로 시작해 대전시 공보관실 별정직 사무관으로 32년간 근무하는 동안 2번의 편지와 2번의 복직 과정을 거치는 등 순탄치 않았던 공직생활 일화가 담겨 있다.

이 책은 '인생편지'와 '날개 짓인 공새의 상처', '드높은 사연 5장 400쪽으로 쓰여졌으며, 저자가 바라본 세상에 대한 다양한 현상들이 뜻자와 비평 형식으로 기술돼 있다.

특히, IMF 당시 구조조정으로 면

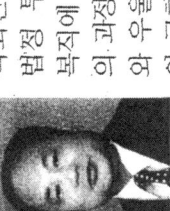

직되면서 7년간의 법정 투쟁을 거쳐 복직에 이르기까지의 과정과 자살기도와 우울증 등 인생의 극한 좌절을 맛본 순간에서도 끝내 참고 견뎌내 일하는 후배 공직자들에게 지침서가 될 것으로 기대된다.

한편, 도서에 관심있는 독자가 전화 (이수영 010-5422-2032)로 신청하면 한정된 수량 범위 내에서 무료로 배송해 줄 예정이다.

정성직 기자

시민기자칼럼

공무원은 국가의 미래를 생각해야 한다

이수영

**연금개혁 도마 위… 매년 적자 문제
나라의 앞날 위해 양보할 줄 알아야**

요즘 언론 톱뉴스로 떠오르는 것이 있다. 바로 공무원 연금개혁 문제다. 정치권과 정부에서는 골머리를 앓고 있는 것이 사실이다. 양쪽 모두 냉정하게 생각하여야 한다. 현재 내가 조금 손해 본다해도 국가 앞날을 위해 양보할 줄 알아야 한다. 우리는 내 손자·손녀를 생각해야 한다. 지금 어린 손주들이 성년이 되었을 때는 노인을 3명이상 보살펴야 한다는 통계가 나왔다.

정부는 누구인가? 정부는 국가운영조직이 아닌가? 공직인이 정부인 셈이다. 운영은 누가하는가? 공무원들이 조직운영 요원이 아닌가? 퇴직 후 조직에서 나오면 아무것도 아니다. 현재 공직자가 파업하고, 소요하고 하면, 정부는 어떻게 되겠는가? 투쟁만이 살길은 아니다. 공직은 한 차원 위로 격상하여야 한다. 국가, 정부, 지방자치단체 공무원들은 시민과 국민의 기둥으로서 재산과 생명을 보호할 의무를 가진 사람들이다. 국민의 세금으로 살아간다는 것도 항상 잊지 말아야 한다. 국민이 잘 살아야 공무원 급여도 향상된다. 현직 공무원은 지금 당장 손해가 있다하더라도 양보하고, 이해하며 국가 시책에 따라야 한다. 칼질하는 사람들도 하고 싶어서 하겠는가? 미래의 국가 운영을 위해서 어쩔 수 없이 하는 것이 아닌가?

김대중 정부시절 1998년 IMF 외환위기 당시는 연금지급을 안하기 위해 전국 공무원 4000여명을 임용결격, 당연퇴직이라는 이유로 30~40년씩 근무한 공직자를 한꺼번에 면직시킨 일도 있다. 그 후 물론 2000여명은 복직하였으나 2000여명은 연금수혜를 못 받고 퇴직금도 못 받고, 퇴직 급여에 해당하는 금액을 보상금으로 수령하였다.

공무원 연금을 운영하는 관리공단은 무엇하고 있는가? 어떻게 운영하기에 매년 적자라고만 하는가? 한심스러운 일이 아닐 수 없다.

정부는 현재 공무원들에 대해 하후상박을 실시해 하위직 공무원들에 대한 급여를 30% 이상 대폭 인상하는 특단의 대책이 수반돼야 한다. 그리고 공무원 부정에 대하여는 엄격하여야 우리나라가 '불안전 공화국'이라는 누명을 벗을 수 있다. 단돈 만원만 받아도 징계하여야 한다. 그리고 공무원들은 항상 나보다 못한 서민들을 생각해서 근무에 충실해야 할 것이다.

[기자세평] 이 대통령 노인복지와 일자리 살펴보길

기사입력 2025-06-10 20:44

【대전=코리아뉴스24】이수영기자 = 이재명 대통령이 탄생했다.

올해 6월 4일 대한민국 제21대 대통령에 취임하며 새 정부가 공식 출범했다.

이는 윤석열 전 대통령의 탄핵소추 후 170여 일 만이다.

이 대통령은 취임과 함께 수많은 과제를 떠안게 됐으며, 특히 탄핵 정국으로 얼어붙은 경제위기를 극복해야 하는 큰 과제에 직면했다.

현재 국내외 주요 기관들은 우리나라 올해 경제 성장률을 1%대 또는 0%대로 내다보고 있으며 급등하는 물가 등으로 근본과 기초마저 흔들리고 있어 지역 기업과 소상공인들은 큰 고통을 받고 있다.

이 대통령도 이러한 현실을 잘 알기에 취임 선서에서 경제를 10번 이상 언급했다.

이에 따라 경제를 살려야 민생을 회복할 수 있기에 TF팀을 즉시 가동할 것을 지시하고, 대규모 추경도 예고했다.

하지만 노인들의 일자리와 노인복지에 대해서는 별 언급이 없었다.

이 때문에 노인들은 다소 실망감이 있지만, 노인 일자리는 그동안 해왔듯 몇 개의 사업에 그치지 말고, 올해 연말부터는 다양한 일자리로 대폭 확대해 노인복지와 경제 활동에 큰 도움이 될 수 있도록 추진해야 한다.

더욱이 일할 수 있는 노인들은 모두가 일할 수 있도록 노인복지공공근로 사업을 확대해 노년에도 일하면서 즐거운 마음으로 생활할 수 있도록 단시간(약 3시간) 공공복지 일자리를 적극 늘려야 한다.

이로써 노인들의 어려운 생활의 한숨 소리와 신음 소리가 줄어들며, 정부는 노인들의 얼마 남지 않은 생애에 건강과 경제에 다소라도 덜 걱정하며 살다가 생을 마칠 수 있도록 정책적 배려를 아끼지 말아야 할 것이다.

아울러 많이 어려운 노인들은 새로운 대통령의 각별한 노인 대책에 대한 정책적 배려를 마음 간절히 기대해 본다.

이수영 기자 | Sooyoung1271@hanmail.net

[저작권자 ⓒ 코리아뉴스24, 무단전재 및 재배포 금지]

[기자수첩]노년에는 반드시 취미 생활을 갖자

기사입력 2025-07-09 11:28

【대전=코리아뉴스24】 이수영 기자 = 내 생애 노년이되면 그 여생은 자식도 배우자도 누구도 책임질 수 없다.

오로지 내 인생은 내가 주인공으로서 내 자신 뿐이다.

당장 오늘부터라도 한가지 이상 취미생활을 갖고 자유롭고 여유로움과 슬기로운 마음으로 즐기면서 살아가기 위해서는자신의 결정과 선택이 중요하다.

노인이 된 어르신들 제3의 인생에 건강을 유지하기 위해서라도 꼭 한 가지의 취미생활을 갖자.

취미생활은 사실상 쉬우면서 무척 어렵다. 본인 적성에도 어느 정도 맞아야 하고, 시간 보다는 경제적인 부담으로 지속적이지 못한 것도 사실이다.

취미 클럽에서 단체 활동은 물론 나 홀로의 취미활동도 마을대로의 그 뒤에 따르는 경제적 뒷받침으로 인해 많은 어려움이 있다.

이에 정부는 노인들을 위한 복지 대책을 더욱 세밀한 관심으로 대책을 강구해야 한다.

우리나라 노인인구 천만 명 시대에 도달했다.

이제 새로운 정부에서는 노인들의 건강을 위한 다양한 일자리를 만들어 제공하는 것은 이 정부의 몫이다.

이에 대한 우선 시급한 대책 중의 하나가 이용률도 한자리 숫자인 전국의 7만 3천여개의 경로당을 노인안전 보호작업장으로 변형시켜 일 할 수 있는 노인들이 함께 일하면서 즐길 수 있는 사업장으로 변모해야 한다고 생각한다.

7만여곳의 경로당 운영비와 15만명 이상이 되는 회장과 사무장의 월수당 각각 20만원씩 지급하고 있으니 그 예산도 과연 천문학적 숫자가 된다.

경로당의 이용률이 저조한 것은 나름대로 이유가 있다. 그 이유를 살펴보니 그저 일주일에 한 두 번 점심을 제공해 주는것 뿐으로 지원이 열악하다.

편의시설 부족해 대합실이나, 공원을 찾으면 답답한 경로당 보도 훨씬 가슴이 트인다고 한다.

그래도 할머니방은 삼삼오오 모여 대화를 나누고 고스톱을 즐긴다고 하지만, 할아버지 방은 거의 전무하다.

이러한 문제점을 정부에서는 연구 검토해 경로당을 생산성을 갖춘 노인안전 보호작업장으로 개선해 생애 얼마 남지 않은활동 가능한 어르신들의 노년 인생에 외로움과 보람 있는 생활의 장을 만들어 주는 것이 중요하다.

정부는 노인들에게 사탕만 주는 정책이 아니라 빵과 경제적 등등을 누릴 수 있는 적극적인 복지혜택을 연구 검토해 보길기대한다.

이수영 기자 | Sooyoung1271@hanmail.net

[저작권자 ⓒ 코리아뉴스24, 무단전재 및 재배포 금지]

[대전] 한밭수목원 자원봉사 척척박사 박준영 회장

18년간 관람자 안내 및 해설로 봉사활동, 다양한 꽃과 나무 설명도 달인

기사입력 2025-08-04 10:43

【대전=코리아뉴스24】이수영기자 = 대전광역시 한밭수목원 내 자원봉사자 단체인 '한숲이' 회원 100여 명을 대표하는 박준영 회장은 5년간 회장직을 맡아활동하고 있다.

특히, 회원들의 친목과 화합의 장을 만들기 위해 많은 노력을 다하고 있으며 기부금도 아끼지 않고 있다.

이어 회원들의 실력 향상을 위해 매년 2회 이상 타 지역의 수목원과 명승 고적지를 찾아 견학하고 있으며 연말이면 주제가 있는 토론과 함께 외부 전문 강사를 초청해 강의도 진행한다.

또한 회원들의 애로사와 근무 개선 사항 등을 청취해 개선에 나서고 있다.

대전시한밭수목원은 지난 2011년 중부권 최대 규모로 도심 속 인공수목원 형태로 조성됐으며, 당시 공사비만 315억 원이상 소요됐다.

총면적 37만 ㎡의 광활한 대지 위에 동원과 서원으로 구분됐으며, 동원은 시설물 조성으로 열대식물원, 장미원, 생태 곤충관 카페 등 편의시설과 함께 인근에는 천연기념물센터, 시립연정국악원도 함께 있으며 서원에는 울창한 나무숲으로 어우러져 있고, 둘레길과 각종 꽃과 나무, 황톳길과 숲속 문고, 작은도서관 등이 갖춰져 있다.

이어 엑스포시민광장에는 계절마다 각종 이벤트 사업으로 청소년을 위한 문화행사, 영화상영장, 여름철에는 어린이들을위한 물놀이장과 체험관, 청소년 광장을 이용한 전시장 등을 개설해 제공하고 있으며, 봄철 꽃이 만발할 때는 장미원의장미꽃 축제로 가족들과 연인들의 나들이 데이트 장소로 각광을 받고 있다.

성수기인 5월과 10월에는 하루 관람 인원이 무려 1만 8천여 명에 달한다.

서울에서 왔다는 한 관람객은 대전에도 이렇게 넓고 공기 좋은 훌륭한 수목원이 조성돼 명소 중의 명소라고 극찬하면서도 한 가지 아쉬운 점이 있다면, 화장실이 부족하고 간이음식점, 숲속의 작은 카페, 조각공원 등이 있었으면 좋겠다고 말했다.

이수영 기자 | Sooyoung1271@hanmail.net

|저작권자 ⓒ 코리아뉴스24, 무단전재 및 재배포 금지|

▢ 그리움의 등불 숙이에게

　노년이 되면 아무런 부담 없이 편안한 생활로 다소라도 여생을 즐기면서 살아가야 한다.
　특히 시간적으로나 정신적으로 부담은 더욱더 아니 된다.
　내가 타인에게 부담되는 사람이 되어서는 절대 아니 된다.
　그러나 잊으려 해도 자꾸만 떠오르는 그 생각을 잠재우기 위해서는 흘러가는 세월이 치료제이며 무심천의 심청이 흘러야 한다.
　오늘 해가 지고 내일의 달이 가면 잊어지겠지마는….
　그러나 에둘러 성급한 마음으로 망각하려 애써 보기도 하지만 함께한 지난날의 그 정과 육체의 채취, 둘이서 마시던 '소백산의 그 달콤한 맛' 모두가 이제는 좋은 추억으로만 남으려는가? 지금도 오늘도, 아마도 내일은 아니 영원토록 그리움만 가득한 채 등불을 밝히지 못하고 사라질 것인가?
　아니면 생각에만 잠기다가 때가 되면 황혼 속으로 갈 것인가?
　황혼으로 가기 전 지금 이 순간 잊기엔 너무나 가슴 벅차오르는데 마음에만 영원히 간직하다가 그리움의 등불로만 남아있겠지.

2024. 5. 아침단상

☐ 돌아가는 人生길

이 세상에 왔다가 나는 가지만
모질고도 험한 세상 살았노라고
말은 하지 않아도 눈물이 말해주듯이
세인들과 이별의 아픔 속에서
후회와 미련 없이 눈을 감으련다.
이 세상에 왔다가 돌아가면은
즐겁게 웃으면서 살았노라고
말은 하여 보지만 수많은 사연 남기고
떠나려하니 이별의 아쉬움 속에서
원망도 슬픔을 뒤로한 채 나는 가련다.

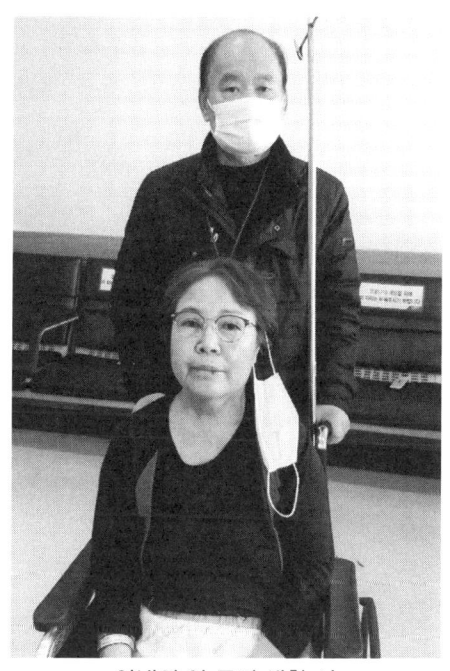

아내의 암 투병 생활 시

▢ 한 번 더 생각해 보니

나는 70세 되던 해, 80세 때까지 네 가지 일을 추진하기로 계획했는데 오늘 80에 이르니 한 가지만 포기하고 3가지는 완성하였다.

1. 8순 기념 작품으로 나의 인생을 그린 내 생애 두 번째 저서 『내 인생에 속도』를 출간하기로 했으며,
2. 지금 운행하고 있는 고물차를 폐차하고 좋은 차로 구입할 것과
3. 나와 아내가 죽으면 들어갈 "유택"을 미리 조성하는 것.
4. 치아가 불편하여 전체를 임플란트로 심는 것이다.

그런데 80이 된 오늘 차량구입 한 가지는 포기하고, 3가지는 완성하고 보니 후련하고 시원하지만 아쉬움도 남는다.

이제부터는 남은 여생을 무엇을 목표로 하고 살아갈 것인가.

여기서 나는 치아에 대하여 한마디만 나열하고자 한다.

치아는 젊어서부터 잘 관리해야 한다는 것을….

그리고 한두 개 이상 있으면 그때그때 치료하고 임플란트도 하고 해야지 나처럼 미련하게 그냥 놔두었다가 모두 손상된 후 완전히 못쓰게 될 때 한 번에 28개를 하려 하니 참으로 치료도 어렵고 아프고 기간도 장장 1년이 걸렸으며 비용도 무려 1,800여만 원이나 소용되었다.

고생도 이만저만이 아니었다.

발치에서부터 끼울 때까지의 통증과 번거로움, 임시치아의 불편함과 잦은 이상으로 인한 흔들림, 잘 맞지 않아 딱딱한 것은 씹지도 못하고, 이 글을 읽는 독자는 깊이 생각하고 치아는 평소 잘 관리로. 양치

질을 하루 3번은 꼭 하고, 반드시 음주 후에는 귀찮다고 그냥 지나치지 말고 꼭 양치질을 할 것을 권고한다.

끝으로 나는 관리를 잘못하고 음주 후에도 양치질을 게을리해서라고 생각한다.

☐ 나의 유년시절의 회고

나는 2025년 ㉿ 7월 17일이 만 80세가 된 오늘….

충남 서천, 비인면 칠지리 30번지 지금 자연부락 (칠지 1구)에서 그때는 33호가 살아가는 부락에서 나의 부모님은 제일 가난하고 초가 3칸 옴팡집에서 8남매의 장남으로 태어나 오늘에 이르렀다.

지금도 88세가 된 큰 누이와 함께 84세가 된 둘째 누이 8남매가 모두 건강하게 생존해 있는 행운의 집안이다.

나는 두 아들과 각각 손자, 손자 4명의 손주들과 부부가 함께 올해 8순을 맞아 감회가 깊으며 이 세상에서 가장 행복한 사람이라고 생각한다.

❒ 마음속 깊이 담아있는 끝맺음의 말…

-사람의 도리는 그 은혜을 잊지 말아야 한다 -

 이제 내 인생사 80에서 두 권의 자전적 에세이 수필집 중 두 번째 『내 인생의 속도』를 마무리하려하니 부족한 부분과 아쉬움만 남아있다. 다시 한 번 떠오르는 것은 그 지긋지긋했던 유년시절보다도 공직생활 중 면직당하고 다시 복직의 시간이 너무 길었던 5년여 간의 세월 동안 그 당시 나를 도와주신 분께 이 저면을 통해 감사의 인사를 드린다.

 또한 살아계신 분께는 행동과 마음으로 그 은혜를 갚고 있다. 지금은 고인이 되신 김보성 전 대전시장님과 송일영 청장님의 사려 깊은 관심과 따뜻한 위로의 말씀 등등, 한규섭 전 동장님은 자기가 근무하시던 문화원연합회 사무처장직을 나에게 넘겨주셨으며, 생존해 계신 전, 염홍철 대전시장님께서는 나의 복직을 직접 선처해 주셨고, 남계 조종국 전, 시의회 의장님께서도 나를 취직시켜주셨다. 연이어 대전광역시 행정동우회 소수 회원들(권정식, 이경희, 남승균)께서는 의견을 같이하고 마음에 위로를 주셨으며 그 중 회원이신 전, 유성구청 백승전 과장님은 나에게 어려움을 참고 견디라고 금전까지 지원해 주시어 나는 지금도 가슴속 깊이 간직하고 그 은혜에 보답하고자 항상 노력하였다.

 그러나 지금도 아니 죽을 때까지 잊지 못할 것은 복직당시 염홍철 시장님으로부터 12월경에 발령한다고 직접 전화를 하셨는데, 그 당시 김○○ 총무국장님이 미루고 미루어 다음해 3월 2일자로 3개월 후에 늦게 발령한 것은 무엇 때문에 왜 그랬는지…? 지금도 궁금하여 알아보아야겠다.

  나의 성격상 알아보지 않고, 지금까지 가슴속 깊이 묻고 지내고 있으나 죽기 전에 한번은 만나서 물어보아야 하겠다.

  이제 내 인생도 되돌아보니 잘한 일이 더 많을 텐데, 잘 못한 일만 더 생각이 난다. 결코 후회하지 않고 앞으로 여생 동안 할 수 있는 데까지 잘하면서 살아가려 한다.

  그러나 나의 성격상 나는 상대가 나를 공격하지 않으면 착한 편인데 해를 끼치면 참지 못하여 이해도 못하고 두 배 또는 열 배로 갚으려는 성격이 나의 단점인 바, 그것을 주의하려 노력한다.

  요즈음 몇몇 정치인들처럼 막말과 욕설 갑질, 나팔수 총알받이가 아닌 참되고 점잖은 아름다운 노년으로 살아갈 것을 다짐하면서 끝말을 맺는다.

저자 씀.

8순기념 자서전 출판을 "축하드립니다!"

▶ 축사 해 주신 분
- 대전광역시 행정동우회장 ·· 강원조
- 전, 대전광역시장 ·· 허태정
- 중도일보 사장 ·· 유영돈
- 대한노인회 대전광역시연합회장 ·································· 박상도
- KOREA MEWS 24 이사장 ·· 이래희
- 중도일보 실버라이프, 노인신문 기자 단장 ····················· 장창호
- (사)문학사랑협의회 이사장 ·· 리헌석

▶ 축하 문자 메시지(무순)
- 한국자살예방교육협회장 ··· 한상황
- 전, 대전광역시 국장 ·· 김정홍
- 전, 대전광역시 국장 ·· 차준찬
- 전, 상수도사업 본부장 ··· 임홍선
- 전, 대전광역시 국장 ·· 심기성
- 전, 대전광역시 국장 ·· 한상섭
- 전, 동구 부구청장, 현)한국효문화진흥원장 ···················· 김기황
- 현, 대한노인회 서구지회장 ·· 김병구

- 현, 국화APT노인회장 ·· 박종화
- 전, 동구청장 국장 ·· 윤성중
- 전, 대전광역시 연정국악원장 ······································ 길광섭
- 전, 동구청 국장 ·· 최영대
- 전, 한국타이어 대전지점장 ··· 신동훈
- 전, 외국어대 학장 ··· 조재현
- 전, 대한통운 상무 ··· 김현창
- 전, 신영건설 회장 ··· 신영철
- 전, 대전 둔산경찰서 경감 ··· 신항식
- 전, 대전초등학교 교원 ·· 이대희
- 전, 비인면 발전위원회 체육회장 ································ 김정원
- 전, 비인면 양공전문업 사장 ······································· 유병현
- 전, 대전광역시 한밭도서관 관리과장 ························ 이준구
- 현, 대전광역시 행정동우회 부회장 유태훈, 이소영, 김영진
- 현, 대전광역시 행정동우회 사무처장 이경희, 총무 최지연
- 현, 현, 대전광역시 행정동우회 서구회장 ················· 조남소
- 전, 대전광역시 교육청 과장 ······································· 김웅제
- 전, 중구청 국장 ·· 박종득
- 전, 유성구청 국장, 현 행우회 유성 사무국장 ········· 백승전
- 전, 대전광역시 상수도사업본부 계장 ························ 민용운
- 전, 대전광역시 보건소 과장 ······································· 김기현
- 현, 한밭수목원 자원봉사단체 "한숲이" ················ 회장 박준영,
  전 회장 김복환, 유근동, 이길식
  전 감사 남상철, 유혁기, 현 감사 유승원

현 총무 이영숙, 재무 차명숙

- 전, 대전광역시 과장, 농산물유통센터 상무 ························· 권정식
- 전, 대전광역시 보문산 관리사업 소장 ····························· 이은규
- 전, 대전광역시 과장 박창환, 임승룡, 박현수, 황초주, 김백기
- 전, 대덕구 신탄진 동장 ··· 설무웅
- 전, 대전광역시 중구 부구청장 ·· 유태훈
- 전, 대전광역시 도시개발공사 사장 ·································· 이소영
- 현, 대전세종발전연구원 원장 ··· 김영진
- 전, 진주국립경상대학교 사무국 실장 ······························ 김장환
- 전, 군산교회 원로 목사 ··· 백용구
- 현, 대전 서구 건능골 노인회장 이병렬, 부회장 김태훈

이 선생님의 8순에 자서전 출판을
진심으로 축하해요!

- 전, 둔산지구대 파출소장, 현 가수 김기득
- 현, 박경희 노래교실 원장 가수 박경희
- 현, 곽순화 Music club 가수 곽순화(가로세로예술단장)
- 현, 허니빈스 갈마점장 강동주
- 현, 서구 변동 장모식당 주인 김수현
- 현, KOREA MEWS 24 부회장 왕상묵
- 현, 중도일보 명예기자단 부회장 천상수
- 현, 중도일보 명예기자단 총무 김은숙
- 현, 가수 깡순이(이정윤) 송미란, 강소리, 강소월

- 현, 굿모닝 실크프리미엄 자문역 대외협력관 김미옥
- 전, 유성구 총무국장 김형춘
- 전, ㈜베스킨라빈스 대전대리점 대표 이길환

 어제 같은 초교시절 우리들이 벌써 80인생을 맞이한 칠보 이수영 동창생의 80인생 역경사를 그린 제2집 『내 인생의 속도』 자전적 에세이집 출판에 즈음하여 동창생 모두 축하드립니다.

― 충남 서천 비인국교 제45회 동창생―

유근호 안인성 이선구 김정원 최춘태 유병현 조재현 배승일 강영철 김윤태 김영돈 신기원 신문섭 신기삼 신영필 유석근 박만순 김장환 백용구 채두병 추동환 진익재 추화엽 안윤길 임동택 이춘만 이종화 추동인

"祝 아버님 어머님 늘 건강하시어 저희 곁을 지켜주세요!"
큰아들 정훈, 며느리 이은정. 작은아들 주훈, 며느리 유주현

"할아버지 할머니 존경하고 사랑해요. 건강하세요!"
이예주 이도윤 이서준 이민준

"조카의 8순과 자서전 출판을 축하!"
이문승(93) 이무승(83)

"동생 축하해!"
이복례(88) 이금례(84)

"형님 축하드립니다!"
기영 도영 근영 인영 복영 하영 구영 원영 오영 배영 차영

"오빠 축하드려요!"
복순 금숙 경의 며예 영장

"이모부님 축하드립니다!"
인종곤 종택 희숙, 허민욱 주욱 지윤

"고모부님 축하해요!"
이문자 강수 황수 관수 동수

"외삼촌 축하드립니다!"
김형륜 김진원 지석홍 지석현

"큰 아버지 축하드려요!"
이관훈 치훈 은혜 지혜

 정열에 핀 꽃 동백의 마음으로
축하드려요!

안봉자 조아영 정미례 우지무 김삼월 윤선영 모순덕 장원분 김복자
원동민 김희분 김혜숙 이정우 정영애 박종희 윤정애 한귀자 송춘희
신명자 김경수 최경회 이수자 이동예 박성애 신성애 이만우 김완서

내 인생의 속도
이수영 자전적 에세이

발 행 일	|	2025년 9월 9일
지 은 이	|	이수영
발 행 인	|	李憲錫
발 행 처	|	오늘의문학사
출판등록	|	제55호(1993년 6월 23일)
주 소	|	대전광역시 동구 대전로 867번길 52(한밭오피스텔 401호)
전화번호	|	(042)624-2980
팩시밀리	|	(042)628-2983
전자우편	|	hs2980@hanmail.net
계좌번호	|	농협 405-02-100848(이헌석-오늘의 문학사)
카 페	|	cafe.daum.net/gljang(문학사랑 글짱들)
인터넷신문	|	www.k-artnews.kr(한국예술뉴스)

공 급 처	|	한국출판협동조합
주문전화	|	(02)716-5616
팩시밀리	|	(02)716-2999

ISBN 979-11-6493-396-9
값 20,000원

ⓒ 이수영 2025

* 이 책의 판권은 저작권자와 오늘의문학사에 있습니다.
* 이 책은 E-Book(전자책)으로 제작되어 ㈜교보문고에서 판매합니다.
* 잘못 만들어진 책은 구입하신 서점에서 교환해 드립니다.